Invitation of Tourism Education

寺本 潔／澤 達大 [編著]

観光教育への招待
社会科から地域人材育成まで

ミネルヴァ書房

プロローグ——いま，なぜ観光の教育が必要なのか

　何といっても観光（Tourism, Sightseeing）は楽しい。だから，観光についての教育には，前向きな明るさが備わり，人に積極性を与える効果がある。いま，日本や世界は観光新時代を迎えている。人の移動が予想以上に拡大し活発化している。国境を越える旅は日常化しているといっていい。国内の観光にしても資源の多様化にともない，交流の機会が増えている。そこには，観光資源を創り出そうとする思考と見い出そうとする指向が意思として働いている。
　改めて，観光の教育がなぜ必要なのかと問われたら，人を幸せにするからと回答したい。観光には当て字だが"感幸"とも表記できる魅力がある。知らない土地へ自分が旅することや，反対に知らない国から訪問客がやってくることは観光の二大要素である。前者には，観光情報の獲得能力と異文化への好奇心が必要である。後者には，観光資源に関する教養とホスピタリティ精神が備わっていなくてはならない。これらの資質が市民や国民として公民的資質の一部になってほしい。同時に日本人としての自覚と誇りをもつためにも観光の教育は効果をあげることだろう。それは偏狭なお国自慢やナショナリズムでなく，常に他者の目を意識し広い視野に立った自文化理解につながり，他者（人や場所，モノ）への理解や共感がもたらされるからである。究極的には，観光は地方の自立を促し，国際的には平和の構築にプラスの作用を及ぼす。
　さらに，観光の教育は，学習技能や実学を磨く機会を提供してくれる。美しい観光地の写真を鑑賞したり，楽しく巡る観光ルートを考えたり，観光客が喜ぶ滞在プログラムを立案したり，魅力ある観光商品を創り出したりでき

る。その過程で，いろいろな種類の画像や地図の判読力が磨かれ，統計の分析，企画立案，マーケティング，対人関係スキルなどの能力も育成できる。外国語会話でも観光を題材にすれば実用的である。やや高度になるが，両替の場面では外国為替や国際金融，他国や自国の経済への関心が高まる。交通や旅行業など観光業に携わる仕事を調べればキャリア教育の一環として有効だ。

つまり，多くの内容は社会科にかかわるものの，「総合的な学習の時間」（以下，総合と略記）への発展に観光の教育はぴったりなのである。

前置きが長くなった。本書の構成を紹介しよう。第1章は導入として観光に備わる教育力と題し，いかに公教育で観光を題材に扱うことが大切かが示されている。中村による若者の海外旅行離れを懸念する観点からの指摘も力説されている。続く第2章では，地域人材育成の観点を盛り込んだ観光教育の価値を論じてもらった。主に社会科と総合が担う役割について理論的に検討するとともに現地に住んで推進されている大島による沖縄県国頭村での地域人材育成についても報告してもらった。第3章から教育実践や教材開発の事例である。まず，小学校の実践事例を寺本自身の出前授業から描き出した。ここでは，「観光地＋動詞」という新しい手法で言語力を伸ばす授業の成果と世界遺産「中城城」を扱った学びが述べられている。第4章は小学校教育の中でESDや世界遺産に焦点を当てた実践を松岡に紹介してもらった。第5章は中学校における実践である。共編著者である澤による農村体験や地域の歴史を見据えた実践である。さらに第6章は女子高におけるユニークな取組を高嶋に報告してもらった。女子の旅行好きを活かした実践である。最終章では，小中高を通した観光教育の推進に寄与するちょっとした指導の工夫を道具箱という教育技術的観点から紹介した。加えて，途中のページには関連する興味深いコラムも配置した。学校教育が生きて働く学力を求めるならば，実社会でニーズが高まりつつある観光をめぐる動向に無関心ではいられない。観光立国を目指す我が国の次世代育成として観光の教育についてもっ

と教育界や観光業界は意識するべきではないだろうか。「観光の中で (in)」「観光について (about)」「観光のために (for)」に加えて,「観光を通して (through)」を自覚したい。そのためにも社会科を軸に総合への発展で観光事象を関連づけて単元化すれば,児童生徒が好奇心を抱き,文字通り目をキラキラと輝かせて学習に取り組むことだろう。本書がそういった教育を切り開くパイオニアになれば幸いである。また,学校教育における観光教育の推進に関して次の方々から暖かい賛同の意見を頂いている。丁野朗（日本観光振興協会），東良和（沖縄ツーリスト・株），菊地俊夫（首都大学東京），吉浜幸雅（那覇市立松島小学校），内川健（成蹊小学校），森下晶美（東洋大学），池俊介（早稲田大学），田部俊充（日本女子大学），宍戸学（横浜商科大学）の各氏。以上の方々に厚く御礼申し上げたい。末尾になったが,本書の刊行を快く引き受けて頂いたミネルヴァ書房の東寿浩氏に感謝の意を表したい。

　著者を代表して

寺本　潔

観光教育への招待

―― 社会科から地域人材育成まで ――

目　次

プロローグ——いま，なぜ観光の教育が必要なのか

第1章　観光に備わる教育力……………………………………………1
1　旅育と観光ホスピタリティ教育　3
2　「若者の海外旅行離れ」を止める公教育の役割　6
3　英国のピクチャーブックに見る幼い頃からの観光の学び　11
コラム1　戦後日本人の海外旅行史　16

第2章　観光の教育的価値と地域人材の育成………………………19
1　社会科が担う地域人材育成の目標と内容　21
2　社会科＋総合で展開する観光の授業案　24
3　持続可能な観光を支える地域人材の育成——国頭村を事例として　31
コラム2　ワイルドライフ・ツーリズムと環境教育——自然や生物の保全に貢献するために果たす役割　40

第3章　小学校における観光教育の実践事例と教材開発…………43
1　社会科4年「わたしたちの県」を観光単元に組み替える　45
2　観光立県・沖縄県の小学校社会科　46
3　「観光地＋行動」で観光プログラムを立案する社会科授業　52
4　世界遺産「中城城」の価値に気づかせる授業　56
コラム3　勝手に観光大使——アナザーゴールを活用した意欲向上　63

第4章　ESDの視点に立った世界遺産の教育実践………………67
1　ESDの視点と世界遺産の学び　69
2　「観光」を視点に読み解く世界遺産「宮島」　72
3　世界遺産「宮島」の単元構成　76

目　次

  4　世界遺産「宮島」の実践とその意義　80
  コラム4　温泉観光地の教材開発　87

第5章　中学校における観光教育の実践と教材開発……………89
  1　中学校地理的分野を総括する観光教育　91
  2　中学校での修学旅行と観光教育　96
  3　農村体験の教育的効果　102
  4　"地域の魅力"を観光客に伝えるボランティアガイド
    ――秋田県鹿角市立尾去沢中学校における取組み　107
  コラム5　京都修学旅行の魅力　118

第6章　高等学校における観光教育の実践と教材開発………… 119
  1　これまでの高等学校における観光教育　121
  2　法政大学女子高等学校「旅する人の観光学」の実践　122
  3　大学での学びにつなげるための観光教育　133
  4　高等学校普通科における観光教育の今後の展開　135
  コラム6　旅行商品の生まれ方　138

第7章　小中高校で推進する観光教育の道具箱………………… 141
  1　旅するココロを養う地図帳活用術　143
  2　旅行商品パンフレットの教材活用術　147
  3　旅程作成支援の方法　153
  コラム7　社会科学習に観光ガイドブックを　158

エピローグ――学校からの観光・地域人材の育成　159
索　　引　163

第1章

観光に備わる教育力

JR釜石線に残る宮守川橋梁,通称「めがね橋」。宮沢賢治の童話「銀河鉄道の夜」を連想させる(岩手県遠野市)。

1　旅育と観光ホスピタリティ教育

（1）旅育の意味

　「旅育（たびいく）」という言葉を耳にするようになった。幼い子どもと親が一緒に家族旅行することで親も日常のストレスから解放され，精神的な安心感に包まれることで，子どもにも良い影響を及ぼすことが報告されている。もちろん，子ども自身が見知らぬ土地の自然や文化に触れて経験知を増やし成長・発達に良い影響を生じさせることが，旅育には期待されている。わたくしなりに「旅育とは」を定義をすれば，「移動を伴う実際の旅行体験や異文化に関連する事前や事後の学びによって視野の拡がりと寛容な心を持つことをねらいとした教育的な行いを指す。またその際，旅育が，子どもの心身の成長・発達にとってプラスの作用を及ぼすことを保護者だけでなく自己も自覚していることが重要な要件である」としたい。

　つまり，旅育には幼いながらも自分自身の旅行体験を少しでも振り返ることができる発達段階が不可欠であり，旅行そのものが子どもの成長・発達を促す効果があると保護者も意識していることが大切である。しばしば，2～3歳の子どもを連れた海外旅行に旅育という用語が使われるケースが散見されるが，発達段階からいって子どもの記憶に残らない旅行は旅育とはいえないのではないだろうか。「旅育日記」なるものを保護者が書きため，わが子が成長した後で読み返す意味はあるものの，保護者の期待的観測で書かれるに過ぎず，本当にその子の成長にプラスの作用を及ぼしているか否かは，疑わしい。なぜならば，旅行は大抵の大人が大好きであり，バイアスがかかっているからである。

（2）子どもの空間的・社会的視野

　子どもに対する多くの空間認知や社会認識研究が発達心理学や地理学，環

境社会学，異文化理解教育学の立場から進められてきた。それらの成果に基づけば旅行に伴う体験を記憶にとどめる経験に昇華させるためには，少なくとも9歳以上の子どもでなくては一定の効果があがらない。旅行の同行者（保護者や教師）が旅行体験を思い起こさせる手立て，たとえば場所体験を想起させる写真を子どもに提示したり，覚えているエピソードを再現したり，旅行ルートや旅行先の地図上で確認したりするなど，旅の認知地図づくりに努める必要がある。旅育は旅行体験そのものに価値を置くだけでなく，旅行後の振り返り（リフレクション）にこそ大切な教育機会が横たわっているといってよい。少子化が進むなか，一人の子どもに投資する資金は増え続け，時として家族で北海道や沖縄，あるいは海外旅行に出かける例も生じつつある。筆者が一昨年，東京のある私立小学校で保護者を対象に調査したアンケートによれば，クラスの半数以上が海外旅行に出かけている実態があった。5年生児童が夏休みに家族でシンガポールと香港に旅した際の絵日記風記録が，アンケートに添えられていたが，見事に異文化体験を自分の成長と関係づけて文章化できていた。こういった振り返りを日常的に行っている家族は多くはないだろうが重要である。

　今後，家族旅行を単なるレクリエーションや思い出づくりだけの価値でとどめず，子どもの成長・発達に寄与する貴重な体験として捉え直し，事前・事後に何らかの学びの手立てを打つことが大切であろう。

（3）観光ホスピタリティ教育

　ホスピタリティとは，一般に他者を温かく迎える意識や態度，おもてなし（持て成す）をするという意味で用いられることが多い。語源は，ラテン語のhospesであり，類義語のhostis（異人，敵）の意味も含んでいる。つまり，よそから来訪した自分たちと異なる人を排他的に扱わず，もてなすことを示している。2002年に設立された日本観光ホスピタリティ教育学会のHPには「私見ですが，ホスピタリティは主に対人関係におけるサービスであり，

そこに相互理解や相互信頼が伴うサービスといえそうです。この視点から観光事業はホスピタリティ産業としてみなされ，アメリカでも観光事業はホスピタリティ産業として位置づけられているようです。(中略)ホスピタリティ教育と観光教育のつながりは深く，それらが補完しあう教育のあり方も問われます。」と書かれている。このことから，観光を通して培われるよりよい対人関係スキル（接遇の言葉・態度）や他者を受け入れる寛容心全般を指してこの言葉を用いたい。そうすることで，人間形成にかかわる初等教育段階から位置づけることができよう。このたび『特別な教科　道徳』の解説書も出されたが，この中にもホスピタリティが持つ徳目は確かに位置づけられる。

（4）旅育と観光ホスピタリティ教育の関係
　子どもが旅先でホスピタリティ精神溢れる対応を受けた場合，どういった気持ちになるだろうか。自己中心性の強い幼い子どもの場合には，甘えを許してくれる親以外の人がいたと喜ぶに違いない。小学校高学年や中学生くらいの年齢の子どもの場合には，優しい心持ちに至りその土地のよき思い出として長期記憶に残るひとコマになるかもしれない。大人の場合には，観光業に携わるその方の所作に感心し，自分自身も見習おうとするだろう。つまり，観光という機会を通してホスピタリティは，教育力を有する場面を提供しているといえる。

　沖縄県で県内の全小学4年生に配布されている『めんそーれー観光学習教材』（沖縄県文化観光スポーツ部観光振興課・沖縄コンベンションビューロー制作）を紐解けば，「ホスピタリティーとは，社会生活の中で，まわりの人達と仲良くしていくための，大切なコミュニケーション能力のひとつです。青の数が6個以上の人は，まわりの人に喜びを与えることのできるホスピタリティー精神の高い人だといえます。」と記され，合計11項目にわたる「ホスピタリティー度チェック」が掲載されている。その中味を抜粋すれば「元気よく笑顔であいさつをしている・お礼を言っている・責任をもって係り活動をし

ている・くつは，かかとをふまずにはいている・目上の人には，丁寧なことばで話している」などである。これらは観光場面で，受け入れ側に求められる態度に限られるものでく，誰にも期待される普遍性のある態度や能力である。むしろ，沖縄県のように観光がリーディング産業である自治体において，観光を題材にして次世代に求めたい教育施策として極めて有効であり，実効性に富んでいる。今後，他県の教育界でも同様の動きが出てくることを期待したい。

参考文献
安田亘宏（2015）:『観光サービス論―観光を初めて学ぶ人の14章―』古今書院，p. 266.

（寺本　潔）

2　「若者の海外旅行離れ」を止める公教育の役割

（1）若者の海外旅行離れとは何か？

「若者の海外旅行離れ」という言葉が2000年代後半に登場した。2007年ごろから数年間は「20代海外旅行離れのワケ」（日経流通新聞，2007年10月19日）の記事をはじめとして，多くのメディアで報じられたほか，同じ時期に出版された若者の消費行動に関する文献においてもトピックの1つとして取り上げられてきた。

そもそも「若者の海外旅行離れ」とは何を指すのだろうか？　図1-1は20歳代の若者の出国者（海外渡航者）の推移を示したものである。1996年には20歳代の女性が290万人，男性が173万人出国していた。しかし，2008年の20歳代の出国者数を見ると，女性は160万人，男性は102万人と大きく減少しており，若者の海外渡航者がこの12年間で大きく減少したことがわかる。

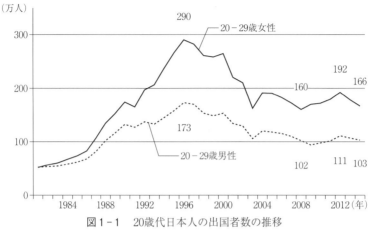

図1-1　20歳代日本人の出国者数の推移
(出所)『出入国管理統計年報（各年版）』(法務省)をもとに著者作成。

　この要因として，1つめに，20歳代の若者の人口が減少したことがあげられる。1996年は団塊ジュニア世代が20歳代半ばの時期であり，男女合計で1883万人であったが，2008年には1425万人となっている。2つめに，20歳代若者の海外出国率が低下したことである。出国率とは，ある年の海外出国者数を人口で除したものである。ここで女性に絞って出国率の推移をみていく（図1-2）。1996年は，日本人女性全体の出国率は12.0％であるのに対して，20-24歳女性は28.7％，25-29歳女性は34.2％を示している。12年後の2008年の数値をみると，女性全体では10.7％と微減にとどまっているが，20-24歳女性は21.5％，25-29歳女性は24.4％と，それぞれ7.2ポイント，9.8ポイントの低下となっている。そこで，日本における若者の海外旅行離れの概念を「日本人の若者の海外出国率が最も高かった1990年代半ばと比較して，2000年代後半の若者の出国率が全体として低迷していた現象」と規定することができる（中村・西村・髙井，2014）。出国率の数値の低迷は，20歳代の若者が全体として海外渡航に対する興味・関心が低下し，参加者が減少したことを意味しているといえよう。

　なお，最近の状況であるが，2012年には円高や旅行会社による若者市場

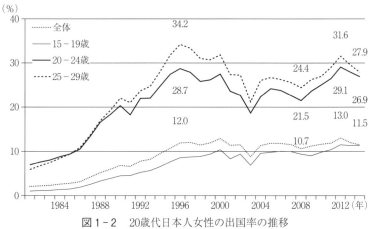

図1-2　20歳代日本人女性の出国率の推移
(出所)『出入国管理統計年報（各年版）』（法務省），『国勢調査報告第2巻その1（各年版）』（総務省統計局），『各年10月1日現在推計人口』（総務省統計局）をもとに著者作成。

の活性化策が功を奏して20歳代の出国率の一時的な回復がみられたが，その後は再び出国率が低下している。したがって，「若者の海外旅行離れ」を脱したとは言い切れない状況になっていると考えられる。

　この「若者の海外旅行離れ」という現象は，メディアを通じて認知が高まると同時に，政府や旅行業界などから多くの関心を集めた。その背景として次の3点があげられる。第1に，将来的な海外旅行市場の縮小につながってしまう懸念である。若者時代に海外旅行を経験することなく加齢していくと，子育てが終わった後に海外旅行に出かけない可能性が高い。第2に，国際交流の必要性を理解しない日本人が増えてしまうことである。ビジネス等のさまざまな面でのグローバル化が進む現在，海外旅行は異文化を知り，さらには現地の人と交流する機会でもある。海外旅行をしない若者が増加することで，日本の未来を担う若者が「内向き」になってしまうことへの懸念である。第3に，海外における日本の地位や存在感の低下である。海外に行くとさまざまな国からの来訪者で賑わっているが，すでに日本人の存在が目立たなくなっている実感がある。

（2）観光行動の理論

　観光者の行動と心理を研究する観光行動論の理論では，旅行の動機には「〇〇したい」というプッシュ要因と，「〇〇に惹きつけられる」というプル要因があるとされている。後者のプル要因は，具体的な目的地を選ばせるように働く要因であり，知識や情報をもとに形成したイメージが作用する。

　旅行における情報探索は，旅行を決定した後の情報探索（購買前探索）だけでなく，旅行の意思決定がされていない普段の日常生活においても行われており（進行的探索），旅行先の候補となる場所に関するさまざまな知識を仕入れることになる。この進行的探索における情報源の1つとしてあげられるのが，地理や歴史の教科書，学校の授業などの公教育である。

（3）公教育の役割

　そこで，公教育が児童・生徒を将来の海外旅行参加へとつなげるための役割として，「興味喚起」「情報提供」「機会提供」の3つを提起したい。

　第1の「興味喚起」に関する具体的な方法としては，「総合的な学習」の時間を活用した外部講師の招聘がある。たとえば，観光庁では2013年から，学校側からの要請に応じて海外旅行経験豊富な講師を学校に派遣し，授業時間を用いて海外旅行の啓発を目的とした講演を実施している。多くの生徒に海外旅行の魅力を伝え，興味を持たせる機能を果たしていると考えられる。

　第2の「情報提供」としては，地歴科の授業，とくに高等学校の世界史の授業において歴史遺産を紹介することを通して，生徒たちに海外の観光資源の知識を提供している。筆者はこれまでに大学生を対象とした海外旅行の実態と意向についての調査等を実施してきたが，「高校の世界史の授業で詳しく学習した地域を訪れてみたい」「私は高校で世界史を勉強した際にイタリアの歴史や建築物，美術品や町並みに興味を持ち，是非現地でそれらを体感したいと思った」といった回答を得てきた。このことからも，高等学校までの授業が若者の海外旅行需要の喚起に寄与していると考えられる。

第3の「機会提供」としては，海外への修学旅行が具体例としてあげられる。財団法人日本修学旅行協会の調査によると，2011年に実施された海外修学旅行は857件，参加した児童・生徒は10.7万人となっている。その9割近くが高校生によるものとなっており，仮に高校生1学年に110万人在学とするならば，全高校生のおよそ8〜9％が海外修学旅行を経験していると推測できる。本人に海外旅行の意向があったとしてもなんらかのきっかけがなければ海外旅行は実現しにくい。また，生徒にとっての初の海外体験が修学旅行であるケースも多い。その意味で，海外修学旅行は「機会提供」の役割を果たしていると考えられる。

（4）公教育における留意事項

　もちろん，「若者の海外旅行離れ」を止めるために公教育が何らかの役割を果たすうえでの留意事項もある。

　第1に，海外旅行を活用した安易な興味づけをしないことである。とくに「世界遺産」は生徒を惹きつけやすいキーワードとなっている。これを用いて生徒の興味を喚起することは可能であるが，本来学習するべき歴史的な背景や文脈が授業において弱まってしまう危険性がある。

　第2に，単なる1回の打ち上げ花火に終わってしまう危険性である。とくに外部講師の授業への招聘や修学旅行は，生徒にとっては相応のインパクトがあるといえる。しかし，事前・事後の適切な学習を欠いてしまうと，時間だけが過ぎてしまい，生徒には何も残らないことになりかねない。

　第3に，修学旅行への受動的な参加である。海外への修学旅行に参加した生徒が，高校卒業後に海外旅行を頻繁に行うようになるケースがある一方で，海外修学旅行が人生で唯一の海外経験にとどまってしまうこともある。確かに，海外修学旅行に積極的に参加し，海外への興味関心を抱くことや国際的な視野の拡大につながれば良い。しかし，訪問する海外の現地に関する予備知識がない場合，また現地の人との積極的な交流を避ける場合は，「ただ行

っただけ」の消極的な参加に終わってしまったり，仲間との思い出づくりにとどまってしまうことになる。そのため，海外の現地ならではの良い経験をすることをできず，その後の人生で海外旅行を回避してしまうことになりかねない。

第4に，海外修学旅行や研修行事に対する学校側の保守的な姿勢がみられることである。前出の修学旅行の件数・参加人数の調査結果を見ると2010年ごろまでは数値が概ね伸びている傾向にあった。しかし，近年ではテロや二国間関係，感染症等への警戒が強まり，実施を回避する傾向がみられるようになった。生徒の安全確保や保護者の不安解消を優先するのはやむを得ないが，一方で過剰反応により貴重な機会を逸してしまうことにもなりかねないのである。

参考文献
中村哲・西村幸子・髙井典子（2014）:『若者の海外旅行離れを読み解く―観光行動論からのアプローチ―』，法律文化社，pp. 14～24, 32～50, 94～109.
中村哲（2011）:「観光心理学」，青木義英・廣岡裕一・神田孝治（編著）『観光入門―観光の仕事・学習・研究をつなぐ―』，新曜社，pp. 136～141.
財団法人日本修学旅行協会(不明):2011年度実施の海外・訪日教育旅行の実態とまとめ（小・中・高）〈抜粋〉，公益財団法人日本修学旅行協会，公表日不明〈http://jstb.or.jp/files/lib/2/17/201301311956448504.pdf〉（2015年8月25日閲覧）

（中村　哲）

3　英国のピクチャーブックに見る幼い頃からの観光の学び

(1) 地図技能を重視する英国

英国は地理教育の先進国である。小学生から高校に至るまで地図を核とした系統的な地理学習が推進されている。とくに実社会で活用できる技能の育成には熱心であり，地図・図表・画像・統計の活用技能（これらは一括してグ

ラフィカシィ Graphicacy と呼ばれている）に関しては，学齢期ごとの比較でみるとおそらく世界最高水準であろう。方位，地図記号，縮尺の学習は幼い低学年からさりげなく示されていて，等高線の入った各種地形図も高学年から多用されている。

そうしたなかで日本の社会科には見られない特色ある内容として筆者は「旅行の題材」に注目している。ここでは，英国の小学校低学年（キーステージ1・2）で使用されている大型ピクチャーブック（絵本）『バーナビー熊のダブリンへの旅（Barnaby Bear goes to DUBLIN）』（Elaine Jackson, 2000，全29ページ）を紹介したい。

この絵本は，ぬいぐるみの熊が休日にパスポートをもってイギリスの隣国アイルランドの首都ダブリン市を旅する物語。日本に準えれば韓国への旅を学ぶ観光絵本といえよう。物語は，旅行の準備物として航空チケットとパスポートはもったか，朝食はちゃんと食べたかというお話から始まっている。その後で，自宅からマンチェスター空港までの道のりが地図入りで解説されている。この地図は一見，絵のようだが，凡例（9種類の地図記号）や方位，縮尺もきちんと書かれている平面地図である。

（2）リアルな海外旅行場面

英国では，旅行を通して成長を促す"旅育"の効果が認知されているのか，旅のプロセスが詳しく書かれている。搭乗券を手にし，アイルランド国のお金に換金を済ませて出国手続きに向かう場面（**写真1-1**）も登場するなど，リアルに海外旅行の手順が示されている。続く話では，機内でシドニーから来ている熊のケイトちゃん（旧友）に会う場面や飛行機の窓から街を俯瞰する場面，ダブリン市の旅行ガイドブックを利用し観光案内所も訪れる場面，賑わうダブリンの目抜き通りを歩く場面など，臨場感を醸し出すように描かれている。さらに，バイキングの集落跡や孤児院を開いたトーマス・バーナード博士の誕生地を訪ねたり，ダブリン市内で走る鉄道やバスなど，いろい

ろな乗り物も眺めたりしながら，バーナビーちゃんが見識を深めながら旅を満喫する姿が描き出されている。旅行先から両親に絵葉書を出す場面（ポストに投函）もあり，海外旅行の醍醐味が絵本から伝わってくるように工夫されている。加えて末尾の4ページは，教師用になっており，地理的な能力育成のための発問例とリンクする資質一覧が載っていた。

写真1-1　パスポートのチェックを受ける様子

（3）「外国への旅」を単元化しよう

ところで，我が国の小学校社会科を振り返ってみると海外への旅行心を刺激する内容が皆無に等しいことに気づく。今般の学習指導要領で5年に「世界の大陸・海洋名，主な国々」が登場はしたものの，位置と名称の学習に終わり，外国への知的好奇心を抱かせるまでに至っていない。また，従来から6年に単元「日本とつながりの深い外国調べ」があるものの，貿易や歴史・文化でつながる外国の簡単な紹介にとどまり，旅行という移動のリアリティが伴った構成ではない。海外旅行という場面設定は，単に外国の事柄を資料で調べるという手法に比べ，「現地に行く」という学習の臨場感を高める効果がある。休暇を海外旅行で積極的に楽しむよう推賞する英国やフランスの姿勢に学びたい。世界は多様性に満ちている。

社会科で仮に海外旅行を題材として取り入れようとすれば，授業時間数は6～7時間でいいから新単元「外国への旅」（仮称）を導入したいものである。この単元は，実現するとすれば5年生が適していると思っているが，現行の学習指導要領で6年に位置づけられている単元「世界の中の日本」を組み替えて対応することも可能であろう。「我が国とつながりが深い国から数カ国を取り上げること。その際，それらの中から児童が1か国を選択して調べるように配慮し，様々な外国の文化を具体的に理解できるようにするとと

もに，我が国や諸外国の伝統や文化を尊重しようとする態度を養うこと（小学校学習指導要領「社会」内容の取扱い）」という指導の趣旨が設けられているからである。これを生かせば，日本とつながりの深い外国への旅が将来実現することを想定させて，観光でその国の伝統や文化を学ぶという流れを展開できるだろう。

　しかし，現行の教科書の記述は次の通りである。「日本とつながりのある外国を調べよう　わたしたちの身のまわりには，外国でつくられた品物がたくさんあります。外国から日本に来て暮らしている人々もいます。日本はどこの国と，どのようなつながりをもっているのでしょう。『中国やアメリカは，貿易で日本と強く結びついている国だね』（男の子のつぶやき），「歴史の学習でも，日本と人や文化の交流がさかんな国が出てきたよ。わたしたちは，自分の調べたい国を一つ決めて，どのように調べていくか学習計画を立てました。」（教育出版『小学社会6下』より抜粋）と記され，貿易や歴史・文化面でのつながりを意識化させ，単に調べさせるという流れになっている。これでは，問いがもたせにくく，学びの必然性が弱くなる。ここに，観光の話題を挿入できれば，学びへの意欲をもっと引き出すことができるだろう。中学1年で学ぶ社会科地理的分野が，世界地理の学習から入るので案外，連続性があってよいのかもしれない。

　もちろん，学習後，地図技能の伸長や景観写真の読解力，海外旅行への前向きな態度，異文化への関心，旅の記録文書き，海外へ視野の拡大が期待されることはいうまでもない。

（4）ある女子児童の作文
　小学校に出向いて観光パンフレットから学ぶ授業を2時間行った後，書いてもらった作文（5年女子）である。

社会と旅行

今日，社会の授業で今私たちが使っている地図帳をつくっている玉川大学の寺本先生が来て下さいました。私はとてもドキドキしていて，何をするのかが気になりました。寺本先生が来て，黒板に何かを書きました。それに重いパンフレットを人数分以上ももってきてくれました。授業が始まり，コラージュづくりが始まりました。私は行った事があるオーストラリアにしました。私はこういう作るものが好きなので，やったと思いました。みんな，バスの写真などを切り取ってはったり，すごくうまくてびっくりしました。私が一番心に残ったと思うのは，寺本先生が「社会科の教科書には旅行についての勉強がありませんよね。ぼくは，社会の授業に旅行という勉強をとりいれていきたいんですよ。」と言ったことです。私もようやくそんなことに気がつきましたが，何で社会で旅行のことをしないのだろうと思いました。地図帳などで世界のさまざまな国のことはのっていますが，旅のことについての事はまったくかいてありませんでした。私は，いろいろな国に行きましたが，まだまだ行っていない国がたくさんあります。コラージュをつくってみてみると，その国に行きたくなります。今日の旅行についての授業はすごく楽しかったので，このような旅行についての授業がふつうになるくらい広がっていってほしいです。

　旅行や観光は，いかに子どもの興味・関心を引き付ける題材であるかが伝わってくる。カラフルな旅行パンフレットを切り貼りし，美しいコラージュに仕上げる作業自体，楽しい時間である。社会科に限らず，こうした旅行という題材を正面から取り上げる場面は学校教育の中で意外とない。旅行や観光の教育力を意識しつつ，観光教育の目標と内容の構築をさらに進めていく必要がある。

参考文献
寺本潔著（2012）：『思考力が育つ地図＆地球儀の活用』教育出版，p.132.
グループTEN海外企画室（2012）：『安心して楽しめるはじめての海外旅行』池田書店，p.111.

（寺本　潔）

■□ コラム1 □■

戦後日本人の海外旅行史

　戦後の日本人の海外旅行の歴史は，1947年に，日本政府が認めた商用・公用などの業務渡航，スポーツ交流・留学などに限り再開されたことに始まる（旅の文化研究所，2011）。つまり，日本人の一般市民が海外旅行に自由に行くことのできなかった時代がしばらく続いたことになる。その背景には，日本が得た外貨の流出を防ぐということがあった。一方，「兼高かおる世界飛び歩き」（1959年放送開始）をはじめとする現地取材によるテレビ番組の放映などを通して，海外への憧れを醸成してきた。
　その後，日本の経済成長が進み，経済協力開発機構（OECD）から海外旅行の自由化（＝外貨持ち出し規制の緩和）への圧力が高まった。1964年4月1日に国際通貨基金（IMF）14条国から8条国に移行し先進国となった。これを受けて，日本人の海外旅行は，1人年1回，外貨持ち出し500ドル以内の制限付きであったが自由化された。なお，1964年の日本人の海外渡航者数は12万8千人であった。

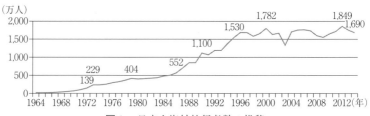

図1　日本人海外旅行者数の推移

　海外旅行者が急増した時期として，第1に1970年代前半がある。1970年には66万3千人であったが，1972年には139万2千人，1973年には228万8千人と一気に増加した。第2に，1980年代後半から1990年代前半にかけてである。1986年には551万6千人，1990年には1099万7千人，1995年には1529万8千人，1996年には1669万4千人と，10年間で約3倍の人数の渡航者がみられるようになった。
　このような日本人の海外旅行者数の増加に寄与した要因として何があるだろうか。第1に，海外旅行の低廉化である。1970年以降にジャンボ・ジェット機が就航し座席供給数が増大した。座席利用率を確保するため，航空会社は旅行会社が使用できる，制限付きの低廉な運賃（バルク運賃）を導入した（澤渡，2009）。この運賃を用いて「パッケージ・ツアー」が普及し，人々の海外旅行への金銭的な障壁が解消された。第2に，為替レートの変化である。かつては1ドル360円の固定相場制であったが，1973年2月には実質的な変動相場制に移行し，ドルの切り下げ，円の切り上げが行

われた。また，日米貿易摩擦を背景とした 1985 年のプラザ合意により円高ドル安の動きをより加速させ，日本人にとっての海外旅行がより割安なものとなって定着した。第 3 に，日本人の所得向上である。1 人あたりの名目 GDP をみると，1964 年は 305 千円，1973 年に 1035 千円，1980 年に 2063 千円，1988 年に 3095 千円と上昇していった。第 4 に，観光目的の日本人渡航者のビザ免除の拡大である。2015 年 8 月現在では 154 カ国・地域にビザなしで渡航可能である。第 5 に，海外に関する情報の広まりである。海外を紹介するテレビ番組や雑誌，ガイドブックが日本人の海外旅行への興味を喚起した。しかし，日本人の海外渡航者数が順調に伸びてきたのは 1990 年代半ばまでであり，2000 年代以降は為替レートや国際情勢，特定の二国間関係，疾病等の影響を受けつつも，1500〜1800 万人台の間で推移する停滞状態となっている。そのなかで，2007 年に国土交通省は観光立国推進基本法に基づいて「観光立国推進基本計画」を策定し，2010 年までに日本人の年間海外旅行者数を 2000 万人とする数値目標を設定したが，達成されなかった。

ところで，日本人の海外旅行の特徴はどのようなものであったのだろうか。1980 年代後半から 1990 年代半ばの海外渡航者数の増加の時期を牽引したのが当時の 20 歳代の女性であった。また，この時期には，従来からある添乗員が同行する「フルパッケージ」型とは異なる，旅行の骨格である往復の航空券と宿泊ホテルだけが用意された簡略型のパッケージ・ツアーである「スケルトン・ツアー」が登場し，市場で大きな位置を占めるようになった（山口，2010）。「格安航空券」が普及したのもこの時期である。一方，2000 年代の日本人の海外旅行の低迷期の特徴として次の点が考えられる。第 1 に，海外旅行者に占める中高年層の比率の増大である。子育てを終え，定年退職を迎え，時間と金銭面での余裕が生じた中高年人口が増加したことなどが背景にあげられる。第 2 に，高価格商品と低価格商品の併存がある。熟年層をターゲットとした高級志向の旅行が一定の支持を集める一方で，「パッケージ・ツアー」の企業間による商品内容の違いが少なくなり，価格のみで競争するコモディティ化が進んでいる。第 3 に，インターネットの発達を受けて，旅行会社を介さずに個人で予約・手配をする旅行者が増加している。

参考文献
澤渡貞男（2009）:『海外パッケージ旅行発展史』彩流社，pp. 10〜12.
旅の文化研究所（編）（2011）:『旅と観光の年表』河出書房新社，p. 389.
山口誠（2010）:『ニッポンの海外旅行―若者と観光メディアの 50 年史―』筑摩書房，pp. 155〜156.

（中村　哲）

第2章

観光の教育的価値と地域人材の育成

地元の野菜が売られている地域色豊かな市場は，観光地の魅力アップに貢献している。

1 社会科が担う地域人材育成の目標と内容

(1) 地域に根ざした社会科

　地域や国土，外国の様子を扱う社会科にとって，観光を通した学びはその地域の特性をリスペクトする習慣を養うことにつながり，場所への愛着はもとより，地域の持続的な利用を考えようとする姿勢を育てる。新しく観光資源を見出したり，資源の価値を整理し，地図に示したりするなど，創造的な時間が楽しめる。たとえば，筆者のふるさとである熊本県を例にあげれば，天草（あまくさ）という多島海が国立公園内にあり，風光明媚な土地柄であるにもかかわらず，今一つ観光地として発展し切れていない現状がある。天草パールラインと呼ばれる観光道路が島々を結ぶ美しい橋（1966年に完成した九州本土と天草諸島を結ぶ5つの橋。トラス橋やアーチ橋，ラーメン橋など）を通っていることも筆者のお気に入りである。さらに，天草は何といっても海産物が新鮮だ。各種柑橘系や天草大王と呼ばれる地鳥，色とりどりの花卉も特色ある資源だ。

　天草といえば美少年，天草四郎の物語もある。隠れキリシタンの文化（長崎の教会群とキリスト教関連遺産）が，世界遺産登録をめざしている。これらはいずれも土地柄と密接な関連を有しているため社会科学習の対象になる。地図や社会科資料を介して観光資源の再認識が促される。まさに，天草地域の子どもたちこそ，地域資源の価値を見いだせる人材として育つ必要がある。

　資源を地図に表すことができれば，それらを巡る観光ツアーの提案もできる。コース取りは創造的な学びにつながり，パンフレットやコンテンツを活かした観光まちづくりへ向けた子どもたちの参画が促進できる。その結果，地域に発し地域に根ざした社会科教育が実現できる。

　一方，来訪客を迎える観光でなく，自分自身が旅に出かける図上観光旅行の授業でも多くの学力が養える。観光情報の入手，旅程立案，地図や時刻表

活用の技能，方言や外国語会話，旅行先の歴史や文化・習慣の理解が図上旅行を成功させる鍵となる。前述したように欧米の社会科教科書には，観光が学習内容として取り入れられている。我が国の社会科にも早期にこの種の学習を導入したいものである。

（2）ホスピタリティ（おもてなし）育成

小学生からキャリア教育が必要と文部科学省でも認めているが，観光を題材にすれば上手くいく。なぜならば，観光は来訪者（観光客）という他者の目を意識させ，独りよがりの見方を是正させるからである。その点，1章でも紹介したが，沖縄県で全4年生に配布されている観光副読本『沖縄県観光学習教材』（47ページ，カラー）は，素晴らしい。主な内容を列記すれば，「1章「観光」ってなんだろう？ 2章 沖縄にはたくさんの人が来る 3章 沖縄観光の魅力 4章 沖縄の観光産業と働く人たち 5章 私たちと観光」となっている。観光がいかに多くの産業と絡んでいるか，将来の職業選択でも観光業や関連産業は選択肢の1つとなるに違いない。沖縄県では県民の一人として，観光産業への次世代供給と従事者がもつホスピタリティ精神の涵養がいかに大切かが，この副読本を通して伝わってくる。沖縄県に学び，各地の県社研が主導し，現在使っている社会科副読本にもっとこうした視点を取り込めないだろうか。

（3）求められる他者のまなざし

小学生は自分の生まれ育った地域社会や県，国に対し，愛着が強いため，観光資源を学べば，容易に質の低い「まち自慢」「お国自慢」に陥りやすい。観光地の写真や土産物，キャラクターに強い関心を示し，一見楽しく授業に取り組むが，社会認識が浅いレベルにとどまりがちになる。こうした落とし穴を避けるうえでも，観光の授業は問題解決学習で立案したい。「どうして年間〇〇万人の観光客が自県にやってくるのか」「リピーター客は何を楽し

みに再訪してくれるのか」「A県と比較して、なぜ自県は観光客が少ないのか」「交通や観光資源に問題はないか」「自分たち地域の観光振興に何か手助けできることはないか」などといった課題を明確化しつつ授業を進めたい。持続可能な観光の担い手は次世代である子どもたちである。息の長い地方創生につな

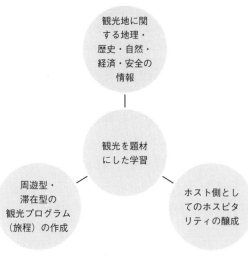

図2-1　観光を題材にした学習

げるためにも観光人材の育成は不可欠である。

　観光を題材にした学習は、図2-1のように単に観光地に関して詳しい知識があるとか、観光プログラムを作成できる能力に限らない、観光地で来訪者と出会う際、いかにホスト側としてホスピタリティ精神を醸成させておけばいいのかが明確化された学習ジャンルなのである。

　一方、社会科は、公民的資質の基礎を養う教科である。公民的資質とは、国民と市民の概念を併せ持った社会性の涵養を目指す育成目標でもある。社会は個人の幸福だけのためにあるのでなく、地域や公共の利益のためにつくられた一種の財であり、地域社会の持続可能性を住民や市民も参画しつつ構築していくことが求められている。そのための公教育がESD（持続可能な開発のための教育）であり、社会科もその中核に位置している。社会科が担う望ましい地域人材と、観光教育で必要な資質形成は案外近いのではないだろうか。

　表2-1は、学力の3要素である思考力・判断力・表現力の3つから、観

表2-1　観光の学びで得られる力

要素	観光の学びで育つ具体的な能力	汎用的な能力
思考力	・自県が観光が盛んである事実を理解し自分なりにその理由について考える力 ・「非日常」「観光地」「ホスピタリティ（おもてなし）」などの観光現象を表す言葉や観光地形成，ツアーなどの観光概念を元に考え説明できる力，実社会で見出せる事実を根拠として予想できる力 ・筋道を持って考えをまとめる力	「疑問をもつ」「予想する」「つけたしする」「根拠を持つ」「共通点と相違点を見つける」「比較し分類する」「時間的な順序づけと空間的な位置思考）」「因果関係」「帰納的と演繹的」「多面的・構造的」
判断力	・旅程の選択や旅行計画を課題を立案・判断できる力 ・学習問題「どの観光ルートがより人気を集めるだろうか？」を判断する力 ・比較したり関係づけたりしながら，よりよい観光行動や観光地選択を判断，選択できる力	「選び出す」「適否を割り出す」「ランキング」「価値づけ」「自分なりの意思決定」「時間管理」「計画立案」「観光ルートの適否を地図上で判断」
表現力	・「よりよい観光地づくりに向けたパンフレット製作」「世界遺産の魅力を県外の観光客に対し伝える力」 ・伝える相手を意識した上で情報を記録・整理し，加工・処理・可視化できる力 ・自分なりの方法で意思を伝える力	「的確なつぶやき」「発表や対話」「討論」「ノートに考えた結果を文章で書く」「グラフや表で整理する」「地図で示せる」「年表に整理」「標語をつくる」

光の学びで育つ力や汎用的な能力について筆者が，まとめたものである。アクティブラーニングが求められる昨今，観光の学びは子どもたちの興味や関心を集めることに成功するだろう。

2　社会科＋総合で展開する観光の授業案

　社会科で授業の導入を図り，総合的な学習の時間とドッキングすることで実践的な観光力を養う教育こそ，筆者が抱いている観光教育のイメージである。観光で扱う素材は他国であったり，自分が住む地域社会や自県・自国の観光資源（自然・文化・歴史）や観光動向（経済・交流）であったりするので，社会科の教材内容そのものである。当然，そうした事象の背景を理解するためには，地理的・歴史的・公民的なアプローチが不可欠であり，確かな社会

認識をもとにした問題解決力が発揮される。さらに，接遇や旅の安全，観光戦略や観光まちづくり提案に発展する段階に入れば，総合の領域に入った方がダイナミックに展開できる。とくに，探究的な学びを軸とする総合では，生き方に結びつくことが求められるため，プロジェクト型の学習を採用し，たとえば「地域に人が来てくれる観光商品を開発しよう」とか「歴史物語が楽しめる周遊型観光コース作成」「外国人向け観光パンフレットを編集しよう！」「体験しよう旅行代理店，観光ガイドの仕事」「自然と開発の調和を目指す観光開発プラン」などといったワクワクする授業のテーマが想定される。

では，小中高校の各段階において，より具体的な観光の授業案がどのように設定できるだろうか。以下，私見を交えつつ，いくつかの案を提示してみたい。

（1）出かけていく観光の授業

いわゆる旅行を題材にした学習を指す。学校現場では，教育旅行がその代表場面であるが，集団でどこかへ出かける場面だけでなく社会科の単元で国内外の諸地域を扱う場合に観光を窓にして，あたかも現地へ出かけるかのようなイメージで授業を構成（たとえば図上旅行や訪問場面を想定させる）する場合に有効になる。たとえば，小学校社会科（5年）で「暖かい土地のくらし・沖縄」を扱う場合，「今から，クラスで沖縄の那覇空港に向かって飛び立ちます。地図帳を開いてごらん，空港の地図記号を見つけて人差し指で指して下さい。さあ，飛び立ちますよ。指（飛行機に見立てる）を少し浮かせて地図帳の上で那覇までの空の旅を楽しみましょう。」と持ちかけるだけで気分は観光旅行に早変わりする。途中，南西諸島が掲載されているページでは，「みんな，飛行機の窓から下を見てごらん。綺麗な珊瑚礁の島々が見えるね。宝島（鹿児島県十島村）もあるよ。」と教師がつぶやくと，一斉に地図帳を注視するようになる。その後，地図帳の那覇空港を示す記号に指を下せば，「めんそーれー！ようこそ沖縄へ」とおもてなしの言葉を教師から発してみ

よう。子どもたちは，沖縄への仮想旅をぐっと意識するようになる。そこから，さとうきびやパイナップル，首里城，米軍基地の記号や暖かさにつながる緯度を読みとらせて単元のねらいに迫るのである。

　中学社会科地理的分野においては，「日本の諸地域」でたとえば，四国地方を扱う場合，徳島や高知の山間部に旅し，その土地で出会う物産やまちおこしに尽力している人々を教科書や資料集で学びながら，取材記を書かせるスタイルで授業を構成すると面白い。徳島県上勝町の「つまもの」商品づくりや高知県馬路村の「ゆず」栽培との出会わせ方を単に教科書に掲載されているから扱うのでなく，生徒に図上の四国旅行を想定させて出会わせるという方法である。放送局の女子アナやレポーターの立場で現地の商品を紹介するように求めれば，きっと面白い発表になるだろう。図上旅行は，各種スキル，たとえば地図上における観光ルートの設定（距離測定，標高や土地利用の読み取り）技能を磨き，宿泊場所を選択する（温泉地であるか，旅館やホテルのグレード選び）判断力，安全な旅を確保するための注意力（保険や旅行費用の勘案，危険回避力）の喚起にも役立つ。

　もちろん，児童生徒による旅行商品の模擬開発（パック旅行企画の立案）や過去の旅行家のルートを追体験する（有名な紀行文や探検記の読解）も興味深い。ある地域の地理・歴史調べもそこへの観光旅行をイメージできた瞬間，楽しい旅の下調べと変わるものである。地誌が旅行記に変わると例えてもいい。実際の教育旅行や家族で旅行する場面を想定し，その準備になるよともちかけて景観や場所，歴史上の人物との出会いを楽しむ学習型の観光も面白い。明治日本の近代産業革命遺産群が世界遺産指定になったが，静岡県浜松市から愛知県豊田市・半田市・名古屋市にかけて工場（跡地）見学できる箇所が数多くある。これらを実際に訪問すれば優れた産業観光ができる。日本の近代産業の歩みが手にとるように実感できる魅力に富んでいる。生徒と共に，産業遺産を巡る観光地図を作成してはどうだろうか。

（2）外から観光客を受け入れる観光の授業

　何といってもこれから期待される観光が，訪日観光である。インバウンドや観光ホスピタリティとも呼ばれるジャンルであり，自国の生活文化や地域資源の価値を見直すきっかけとなる。訪日外国人や他県からの来訪者と交流する際の心配りや態度に加え，外国人が興味を持つ日本文化（お土産）への理解学習（例：どうして中国人は秋葉原で炊飯器や薬・紙おむつを買い求めるのだろうか？）が国際理解のうえでも必要である。社会科＋総合で授業を構成する場合，導入は「訪日外国人数の推移を示したグラフの読取り⇨どうして近年，これほど多くの外国人が日本を訪れているのだろうか？」という学習問題の設定が決め手になる。観光動向を解明するという問題解決学習を採用するのである。円安や交通網の整備（LCC 格安航空社の増加）だけでなく，発地である中国や東南アジアの経済事情や生活水準の理解にまで進むので来日観光を窓にして他国理解が進むという副産物が得られる。

　また，キャリア教育の一環にもなるが，観光業の学習も有効である。旅館，ホテルや旅行代理店，交通機関の従事者，土産物店などの仕事に関する学習を通して各種の観光業が地域の経済成長に寄与している事実を知ることができる。学校近くに旅行代理店や観光ホテルがあれば，職場見学させてもらう総合もあってよい。ゲストティーチャーとして旅行取引主任者やホテルマンに学校に来てもらい，仕事紹介をお願いしてもいいだろう。

　もっと，総合らしい学びがある。「観光まちづくり提案」である。来訪者によって自分の住む地域の活性化につながる動き（土産物店や遊戯施設，道の駅が立地し始め，観光地が有名になっていく現象）について検証させたり，観光まちづくりへの参画（児童生徒ができる範囲内で広報・啓発事業への関与）を通して社会参画を図ったりする試みを指す。各県や市には観光協会という組織がある。また，いくつかの都道府県には観光コンベンションビューローも設置されている。これらの組織は半ば公共の仕事といってよいため，次世代育成にも関心を寄せてくれる。是非，先生方からコンタクトをとり，学校教育

への協力を要請してみてはいかがであろうか。

（3）授業案の1例
　筆者の指導・助言により沖縄県の小学校（4年生）で実際に行われた社会科・観光授業のひとこまを紹介しよう。表2-2に示された授業案は，沖縄へのリピーターが今や観光客の8割を占める事実に気付いていない児童に対して，その先入観をくつがえす授業であった。
　このように自分の県が観光県であることは知っていても，客観的にどのような魅力に富んでいるかを案外，児童生徒は理解していない。観光という窓は，言い換えれば自分自身を眺める窓にもなる。観光客という他者の立場に立つ学びは，多面的な思考をもたらし，社会生活をおくる上で柔軟な生活態度につながる。観光ホスピタリティの涵養に先だつ導入として位置づけられるだろう。

（4）持続的な観光のあり方を考える授業
　サステイナブル・ツーリズム（Sustainable Tourism）という言葉がある。訪問地の環境に負荷をできる限りかけることなく，一方で観光による雇用や収入増を促し，得られた資金によって地域の自然や文化の継続性を高めていくスタイルが求められている。入込客や乗り入れ車の制限を設けたり，廃棄物の低減に努めたり，ホテルで使う水やエネルギーも節約したりする姿勢が現代人に求められている。来訪者によってもたらされる欧米風の生活用品や習慣，善悪・身分・清潔・宗教の価値観，時間管理，ライフスタイル全般に至るまで観光はその地域の文化に変容や打撃を与えがちである。伝統的な生活文化をいかに保持し，そのことが観光地としての固有の魅力につながるように開発しなくてはならない。開発と保全は対立する概念でなく，互いに補完できる関係であると意識を変えなくてはならない。ESDが「環境，経済，社会の面において持続可能な将来が実現できるような価値観と行動の変革を

表2-2　沖縄県の小学校で公開された社会科・観光授業

主な学習活動	予想される子どもの姿	個をつなぐ教師の働きかけ
追究課題		比較の視点を与える。 ・沖縄を訪れる観光客の目的別統計 ・数年間の観光客増加の統計グラフ（ビギナーとリピターの数の推移） ・観光地がわかる沖縄県の地図
	何のため（目的）にリピーターは何回も沖縄に観光にくるのだろう？	
比較してわかったことをまとめる。	・リピーター客の動向は近年すごい増加だ。	比較して違いを明確にし、沖縄県が観光で盛んな県である事実を確認する。
ゆさぶりの問いかけ	ビギナー客とリピーター客の目的は違うところがある。リピーターは沖縄の海や食、保養を目的にやってくる。3泊程度は最低楽しんでいる。本土の都会からやってくるリピーターが多いのでは？グラフをよく見ると、ビギナー客の中からどんどんリピーターが生まれている。だから、ビギナー客の第一印象が大事。リピーターの本当の目的は何だろう？	
保養の中身をいくつかの視点から考える	都会での忙しさと沖縄のゆったりとしたくらしの違いという視点 冬でも暖かい気温、食べ物の魅力・物価の違い、人々の言葉や立ち振る舞いの違い	沖縄県のよさについての見方や考えを広げるために移住者の思いを綴った文章を読ませる。 自分自身の沖縄県のよさに対する見方がどのように変化したのかの視点からまとめる。
ノートにまとめる	飛行機で何万円もかけてわざわざ保養にやってくるなんて本当だろうか？年間20回もやってくる人がたくさんいるらしい。	

もたらすこと」（日本ユネスコ国内委員会）を重要視しているため、観光はその方法論としても有効な手段を提供するだろう。地域の自然や文化資源も観光の場に提供されて初めて持続可能性が高まるという現実がある。伝統的な踊りが、観光資源化を経て変容していく姿も、角度を変えれば文化の創造ともいえる。第三世界に残る自然を売ることも、反対に保護することも地元住民がその価値をどう考えるのか、観光客の価値観との関わりによって方向性が決まってくる。関心の喚起を経て、環境の持続性への理解を深め、参加する態度や問題解決能力を育成する実践的な教育が求められる。沖縄県を例にすると、海洋博覧会（1975—76年）以降、観光開発が激しくなり、多くの固有の自然や文化が失われた。いわゆる本土化と共に大きく変化してきたプロセス（戦後の沖縄史）を学び、沖縄の魅力を持続させていくために何ができ

るか,「沖縄らしさ」をいかに保持していけるかを沖縄県に住む児童生徒たちこそ学習すべきである。

(5) 外国語会話を実践的に磨く場

観光英語や観光中国語は学校教育で推進されている外国語活動の中でも中心的な場面で使える。英語圏や中国語圏に自分が出かけていく場合やそれらの語圏から訪日する外国人と会話する場面のいずれでも観光（道案内や食事，お土産の購入場面など）を想定として会話を促すことで外国語使用に現実感を抱かせるだろう。

写真2-1 北海道稚内市の商店街アーケードに記されているロシア語の文字

街角でみられる交通標識や看板の文字，商品名などの外国語表記は社会科の内容としても活用できる。先日，北海道稚内市の商店街を歩く機会があったが，商店街のアーケードには**写真2-1**のようなロシア語が掲げられていた。サハリン航路で実際に多くのロシア人が稚内市を訪れている事実を裏づけている。福岡市の街角で見かけるハングル文字も同様である。社会科で入り，国際理解教育に発展させた総合を立案できた場合，外国語会話は確かな習得と活用に仕上がることだろう。

公教育で展開する観光の授業は，独立した観光科という教科をめざすものでなく，社会科を中心に国語や英語，理科，道徳，保健体育，総合，特活を関連させて単元化するクロスカリキュラムで立案できれば十分である。国際理解や環境教育，ESD，世界遺産教育などとも密接に関係し概念化したい。

参考文献
多田治（2008）:『沖縄イメージを旅する』中央公論新社，p.285.
菊地俊夫編著（2008）:『観光を学ぶ―楽しむことからはじまる観光学―』二宮書店,

p. 205.
深見聡・井出明編著（2010）：『観光とまちづくり』古今書院，p.247.

（寺本　潔）

3　持続可能な観光を支える地域人材の育成
――国頭村を事例として

（1）大人の地域学習が始まるその時

　観光の教育的価値が発揮できる場面は，子どもたちを対象とした学校現場のみならず，実は地域の大人を対象とした学びの場にあることが多い。それは，持続可能な地域づくりにおいて観光の果たす役割が注目されるようになったこと，「観光まちづくり」といった地域づくりのテーマとして観光が取り上げられるようになってきたこと等に起因する。地域のなかでの観光開発や観光振興に関わる取組みが，行政が主導する依存型の産業振興策や観光政策から，地域が抱えるさまざまな問題解決につながる住民参加を前提とした合意形成に基づく地域づくりへ転換していることにも大きく関係している。

　また，地域の課題は潜在的にどの地域にでも存在するが，地域の課題を探る前提として「この時期」に「この地域」で「何が必要なのか」，そして観光に関わることとして「外部からの働きかけ」が「どのような内容」で「誰を巻き込みながら」，「どこに向かおうとしているのか」といった情報の細部を入手できるアンテナを張りめぐらせ，「自分のことになる」ような問題意識を持ち続けることが出発点になる。

　地域の課題解決に向けての学習を目的とした講座開設や運営は，都市型の公民館活動等に参画する地域住民の集まりとは異なり，過疎の農山村地域でのそれは，人間関係の濃密さやしがらみから，「正面から向き合うことを避ける人」や「気づいているけど誰かに話したことがない人」，「物言わぬ多勢」という中での取組みであることがほとんどであり，一筋縄にはいかない。地域の学びの場は，学校教育のように決まったカリキュラムなどはなく，さ

まざまな年代や立場の人たちが自発的に学ぶことのできる学習環境に代表されるインフォーマル教育であることが前提で展開される。

　筆者は，これまで地域での人材育成に様々な場面で直接的に数多く携わってきた。とくに，研修会や人材育成講座，ワークショップといった学びの場を学習者のニーズを把握しながら地域の人々と共に企画し，学習者の心の動きや状況をみながら，実際に学習プログラムを進行・促進するファシリテーターを担ってきた経験をもつ。本節では，筆者が沖縄県国頭村において持続可能な観光をめざす学びと地域づくりとして関わってきた人材育成講座の取組みを，観光の持つ多面的な側面を活かした教育的価値という視点から考察し，観光の教育力が地域の人材育成につながることを述べていきたい。

(2) 地域という「現場」と正面から向き合う学びの場

　沖縄県那覇市から北へ約100kmのところにある国頭村は，東は太平洋，西は東シナ海に面する沖縄島最北端に位置している。県内4番目の広い面積（194.8km^2）を有し，村の総面積の約87％がイタジイやイジュが茂る亜熱帯性の照葉樹林で占められている。国頭村は，米軍の北部戦闘訓練場として使用されている一帯を含め，温暖な島嶼地域なりの多種多様な動植物の生息があり，固有種の密度も高く，生態学的にきわめて貴重な自然環境が残されている（写真2-2）。人口は1950年の1万2千人をピークに減少の一途をたどり，1980年以降その傾向は緩やかになったものの，2015年に入り5千人を割るまでになっている。沖縄で通称「やんばる」と呼ばれる地域である国頭村，大宜味村そして東村の北部3村の人口は，合わせても1万人足らずであり，全国の過疎地域で見られる若年人口の流失による高齢化や公共事業へ依存する収益構造の筆頭である建設業への比重といった問題に直面している。主な収入源であった農林水産業は，後継者が減少する中で衰退の一途をたどり，国行政の補助金削減に係わる公共事業の請負工事も激減している現状にあって，地域住民が抱える問題は一層深刻な状態に陥りつつある。

しかし，このような状況下にある国頭村では，固有な自然やそこに生息する生物のみならず，その自然に支えられ培われてきた歴史や文化を観光資源として適切に利活用する取り組みへの模索が始まっていた。それが，村の未来を考える有志メンバー約10名を受講生にスタートした

写真2-2　亜熱帯性の照葉樹林で埋め尽くされ固有種の密度が高いやんばるの森
（出所）久高将和撮影。

2000年の人材育成講座の開講に繋がったのである。

地域の担い手と相談しながら企画した人材育成講座は，①地域の歴史・文化・自然環境を持続的に利活用する方法について正しく理解し，お互いが共通認識を持つ，②地域の問題を解決していくため，行政と協働していく能力を身につける，③調査研究活動の意義，方法，成果の活かし方を身につける，④コミュニケーション能力を身につける，という目的で月四回一年間にわたって開講された。多岐に及ぶ目的ではあるが，出発地の旅行会社によるコーディネートで造成される発地型観光に対抗し交渉し合える着地型観光を作り上げていくために当事者たちが信頼関係を築きながら身につけるべき能力である。人材育成講座は半年間で20回程におよぶ形が定着し，2001年から8年間に渡り開講され，後半は講座開講当初の受講者が企画・運営できるようにまでなっていった。

（3）組織の設立と学習の成果

人材育成講座の受講者が中心となり，2002年に任意団体として活動を始めた国頭村ツーリズム協会は，2004年12月には，特定非営利活動法人国頭ツーリズム協会として再スタートを切った。組織の経済的な自立と運営体制

づくりは関わる人びとにとって新たな挑戦であり，地域社会への貢献という点でも，意識の変容が行動に表れるきっかけになったといえよう。このことは，「地域が抱える問題の見方とその解決策の探り方が整理できるようになった」，「官と民の役割が見え，本当に意味のあるパートナーシップという関係づくりが見えてきた」，そして「地域おける各々の立場で，行政と住民が協議するのに必要な政略的技術が身についてきた」というように関わってきた有志メンバーたちに実施したフォーカスインタビュー結果にも表れている。

このことからわかることは，講座を通した数々の実践で自分たちが社会を変えていくことができる，という自信が身についてきた現れであり，地域が変わる手ごたえを実感しているプロセスと位置づけることができる。

（4）集落散策ツアーガイドブックづくりがめざすもの

人材育成講座では，2007～2008年度に集落の生活史を地域住民が自らの手でまとめるガイドブック（小冊子）づくりを行った。それは，集落に内在する地域資源を認識し，その集落の生活史として地域住民が自らの手でまとめ，発刊するまでをやり遂げるというものだ。これまでの講座で調べ上げたものは，模造紙に書き出しマップ化したり，発表し共有する作業で積み上げてきたが，そのままで終わってしまったことは否めない。ならば，住民が記憶にとどめている原風景や物語，人の営みなどのドラマを，自分たちの生活史として発掘し，自らの手でまとめあげることを目標にし，集落の共同店や村の観光拠点施設などで販売できるまでを最後のカタチにしようとゴールを定めたのである。

ガイドブックは，ただ単に集落を紹介したものではない。集落内のスポットを選んでそれらを集落散策ツアーの行程としてまとめあげることにこだわった（**写真2-3**）。ガイドブック片手にツアーの案内役を住民が務め，2時間ほどで集落を回りきれるサイズがちょうどよい。講座には，ツアーの案内役を務めるためのインタープリテーション技術（解説技術）を身につける内

第2章　観光の教育的価値と地域人材の育成

写真2-3　集落をじっくり歩き，村の宝ものを探し出す作業
　　　　　を繰り返す
（出所）久高将和撮影。

容も盛り込んである。

　スポットの数（20くらいが適当）や記事の書き方など，山梨県の市町村のガイドブックづくりを手がける先達のNPOの方から教わった。集落のツアー行程としてのスポットを選ぶ作業では，歩くほど自らの地域の文化の豊かさを実感し，いままで気にとめなかった地域の資源を再発見する道のりであった。いざとなると知らないことばかりで，それまで地域資源の掘り起こしも浅く，甘かったことも反省させられた。集落の先輩方を訪れ，聞き書きし，書物でさらに確認しながらの時間がかかる作業でもある。しかしながら，おじいやおばあたちが伝えたがっている，そんな様子を耳にして何とかしなくては，という思いもつのった。

　スポットをツアーの行程に落とし込む作業では，知らず知らずのうちにメンバーが集落の特長や思いを共有できていることがわかった。「うちの集落を知るにはやっぱりここから。そしてこんな感じで歩いて回るのがいいね」といった共通理解が作業を通して身についていったのかもしれない。

　すべて手づくりのガイドブックづくりは，簡単に進むものではない。農作

写真2-4 完成前のガイドブックの校正をワクワクしながら行う受講者の皆さん
（出所）久高将和撮影。

業や家事を終えた後、また週末に集落の公民館や村の集会施設にみんな揃って集まるのは容易でないからだ。宿題にすれども、なかなか仕上がらず、書き言葉の表現をそれらしく編集するといったホネの折れる作業も受講者みんなが経験した（写真2-4）。

　ガイドブックが完成したら、今度はいよいよカタチが本物になる番だ。地域の資源を見つけ出し、磨きをかけていく1つの手段としてガイドブックを作成し、それを片手にツアーの案内役を集落の人たちが担っていかなくてはならない。それは、ツアー参加者とともに歩き、会話を重ねることで、そのスポットと「自分とのかかわり」をあらためて位置づけなおす作業そのものである。カタチにすることで、次なる思いが沸き上がってくる。その積み重ねを楽しむことが大切だ。

　むらを歩き、お年寄りから聞き書きしながら、自分たちの集落ガイドブックを作る。そして、ガイドブックを片手に案内役を務め、歴史や生活の記憶、次の世代につなげていきたい思いが染み込んだ生活空間としての集落をツア

ーとして散策する。ここには，一般的な観光名所や諸施設を巡る商品化された「観光業者の観光」ではなく，地味ではあるが，地域が元気になるしくみを自らで育むという発想で，ありのままの暮らしと地域に住む人々の思いで成立する観光がある。それは，従来の「観光客」のための観光地づくりではなく，受け入れ側の暮らしそのものが地域の魅力となり，来訪者を惹きつけるという，地域に住む生活者の視点に立った地域主体のまちづくりとしての「観光まちづくり」である。同時に，地域から出発する持続可能な観光を支える人材育成の教育力をみることができる。現在，全国各地で観光メニューとしての「まち歩き」が注目を集めているが，まちの生活文化に手づくり感覚で触れることのできる観光のスタイルとその造成プロセスをだいじにしながら，ますます発展していくことを期待したい。

なお，人材育成講座で作成された集落のガイドブックは，『くんじゃん徒歩ナビ』とシリーズ化し，国頭村内の浜，比地（ひじ），与那，桃原（とうばる），奥間，鏡地（かがんじ）の6つの字のものが完成しており，村内の道の駅や各字の協同店等で購入できる。

2014年には，沖縄島北部だけに生息する国の天然記念物ヤンバルクイナが高密度に生息する畜産基地の集落・楚洲（そす）の紹介とヤンバルクイナの観察ルールを記載したガイドブックが住民の皆さんとの共同で完成し，シリーズに加わった（写真2-5）。

(5) 観光教育の教育的価値の分類の試み

これまでの観光教育は，観光サービスを行うための人材育成という，技術者教育や実務教育の視点で扱われることが多かった。しかしながら，観光学の近年の傾向が観光のもつ多様性を理解することへと移行してきており，多様な観光教育の捉え方と取組みが行われることが観光現象の健全な発展には不可欠であることが指摘されるようになった（宍戸，2006）。筆者は，このような状況を受けて「観光の中の教育（education in tourism）」，「観光について

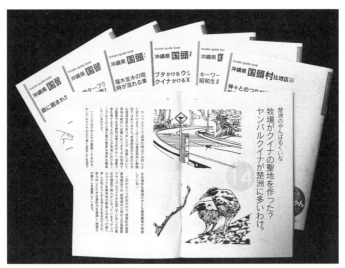

写真 2-5 イラストから文章までみんなの思いにあふれたガイドブック
(出所) 久高将和撮影。

の教育 (education about tourism)」、そして「観光のための教育 (education for tourism)」という3つのアプローチを用いて、観光教育の役割とその可能性を概観し、観光教育の教育的価値を考えるための分類を試みた (大島, 2010)。本節で紹介した国頭村における人材育成は、「観光について学ぶ」、そして「観光のための教育」という観点から、その教育的価値が整理できる。「観光について学ぶ」という範疇は、観光に関する理解をより広めることという意味で、扱う範囲はとても幅が広いが、観光対象となる観光地の資源を正しく認識することを目的とした学びは、地域資源学習としての役割をもつ。「観光のための教育」からの視点は、観光の持続性や観光資源の持続的活用のあり方を地域の文脈に沿って分析することが含まれ、その内容は持続可能な観光のために消費者＝観光客（ゲスト）として、また観光の受け入れ側（ホスト）として責任をもった行動をとり得る市民の養成も意味している。

現在、国頭村を含むやんばるは、「奄美・琉球列島」という枠組みで世界

自然遺産登録に向けた動きが進んでいる。観光地としての世界遺産は，観光事業による脅威にさらされている事実もあり（松浦，2008），受入れ地域における適切な保護管理体制の構築の必要性と，観光客にも世界遺産という普遍的な価値を次世代に伝えるという義務を認識し，世界遺産をじっくり鑑賞する姿勢＝観光行動が求められていることはいうまでもない。この点から，観光のための教育は，持続可能な観光のための教育の一翼を担うものだ。観光が持続可能な地域づくりを担う人々の育成と大きく関係しており，それが観光の教育的価値を確かなものにしていく時代になったと認識する必要がある。

参考文献
宍戸学（2006）：観光教育の拡大と多様化を考える　観光教育とは何か．『月刊地理』2006年6月号，古今書院，pp.28〜40．
大島順子（2008）：沖縄における持続可能なツーリズムをめざす学びと地域づくり．『地域から描くこれからの開発教育』山西優二他編著，新評論，pp.152〜162．
大島順子（2009）：地域づくりにおける環境教育－地域が主体となって築く持続可能なツーリズムを構築していく視点から－．『現代環境教育入門』降旗信一他編著，筑波書房，pp.57〜79．
大島順子（2010）：持続可能な観光を築く地域における教育のあり方．『ESDをつくる－地域でひらく未来への教育－』生方秀紀他編著，ミネルヴァ書房，pp.104〜122．
岡崎友典，高島秀樹，夏秋英房編著（2008）：『地域教育の創造と展開』放送大学教育振興会．
松浦晃一郎（2008）：『世界遺産－ユネスコ事務局長は訴える－』講談社，pp.241〜248．

（大島順子）

■□ コラム2 □■

ワイルドライフ・ツーリズムと環境教育
──自然や生物の保全に貢献するために果たす役割──

　野外で野生生物を観察することが主な目的となるワイルドライフ・ツーリズム（wildlife tourism）は，人間と野生動植物関係を探る本質的な観点からも奥が深く，礎を築いた諸外国と比べ日本においては今だ未成熟な観光形態の1つといってよいだろう。ワイルドライフ・ツーリズムは，野生動植物の保護と地域振興を図るために持続的且つ経済的効果をもたらす手段の1つとして登場してきた。それは，野生動植物を経済的な収益手段のためだけの搾取型の利用対象ではなく，適正に保護された管理体制のもと観光客に見せる観光資源の対象とするものだ。

　動物園等でお馴染みの大型哺乳類たちは，ワシントン条約（絶滅のおそれのある野生動植物の種の国際取引に関する条約）で国際取引が禁止されているにもかかわらず，密猟という違法行為で身勝手な人間活動の犠牲になり，絶滅危惧種にされてしまったものもいる。このような野生生物の消費的利用は，東部そして南部アフリカの国々から密輸出される象牙やサイの角を利用したアジア諸国での高級装飾品や漢方薬の加工利用の実態が，違法取引の背景として現場確認されている。また，スポーツ・ハンティングとして主に上流階級がたしなむ狩猟行為の横行，愛玩動物としての生体輸出などもいまだ増加の傾向にある。翻って，野生生物の非消費的利用は，純粋に野生の動物を鑑賞するという行為に基づくものである。そのなかでも，国連環境計画（UNEP）では，飼育下ではない状況で，生きものの有りのままの姿をみる野生動物の観察をツアーの主なプログラムとして展開する観光形態をワイルドライフ・ウォッチング・ツーリズム（wildlife watching tourism）と呼んでいる。ワイルドライフ・ツーリズムは，以下の表のように区別して用いられている。

　ワイルドライフ・ツーリズム産業は，国際的に経済的効果が大きいといわれており，その収益の一部が観察対象の生き物たちの保護活動（生息地域を含む）への直接貢献が期待されている。また，ワイルドライフ・ウォッチング・ツーリズムを志向する観光客は，記憶に残る貴重な観察体験や良質なインタープリテーションを重要視し，訪問する地域の固有な文化や地域住民とのつながりといった案内に興味関心をもっていることがわかっている。

　野生生物のインタープリテーションは，観察することが叶わない条件下や観察に対する動機づけという意味で，どのように魅力的な解説活動ができるかがツアー・プログラムとしての成否の鍵を握っている。そして，観察する対象物への影響を最小限に抑えるための観察マナーやルールは，インタープリターの言動を通して伝わる。

表　ワイルドライフ・ツーリズムの分類

分類	内容
野生生物観察ツーリズム（Wildlife-watching tourism）	生物が自由に動き回れる状況下での観察が中心。
飼育下の野生生物ツーリズム（Captive-wildlife tourism）	オリや囲われたなかにいる生物を観察すること，主に動物園やサファリ・パーク，保護区，水族館等が挙げられるが，動物を使って曲芸等を興行しながら巡業するサーカスも含む。
ハンティング・ツーリズム（Hunting tourism）	合法的なスポーツ・ハンティングを中心に上流階級層の人々に愛好されている。
フィッシング・ツーリズム（Fishing tourism）	一般的な釣りというよりは，ゲーム・フィッシングやスポーツ・フィッシングといったルールにもとづいたもので，レジャー要素が高い

（出所）Higginbottom（2004）を元に筆者が加筆修正

写真1　野生の生き物との出会いは誰にとっても興味深々

写真2　生き物の世界の面白さや不思議を伝えるインタープリテーションは欠かせない

　ワイルドライフ・ウォッチング・ツーリズムを取り巻く状況は，昨今流行りのフォトグラフ・ツーリズムの現場で表面化しているように対象とする生き物への過度な接近や接触を促す餌付け行為が引き起こす問題，野生生物の愛玩動物化，コレクションといった人間の対象物への意識の有り様に大きく関係している。

　このように，ワイルドライフ・ツーリズムは環境教育の視点から自然や生物の保全に貢献するために果たす役割が期待されている。

参考文献

Higginbottom, K.（ed.）（2004）Wildlife Tourism : An Introduction, *Wildlife Tourism Impacts, Management and Planning*, Common Ground Publishing Pty Ltd.

（大島順子）

第3章
小学校における観光教育の実践事例と教材開発

身近な観光資源としてバナナやソテツ,フクギの生える個人宅の庭を取材する小学生(沖縄県石垣市)

第3章　小学校における観光教育の実践事例と教材開発

1　社会科4年「わたしたちの県」を観光単元に組み替える

> 今日，五，六校時に寺本先生が観光の勉強を教えてくれました。五校時は観光で人気 No.1 の都道府県がどこか勉強しました。その勉強で No.1 は沖縄県とわかりました。No.2 は京都府，No.3 は北海道とわかりました。ぼくは，予想が静岡だったので予想が外れたけど，自分の住んでいる沖縄が No.1 だったのでよかったなと思いました。六校時は観光客が喜ぶ新しい楽しみ方をカードで考える勉強をしました。ぼくは，この勉強をして思ったことは，カードに絵が書いてあるからわかりやすいなと思いました。ぼくは，観光がいろんな人がいろんな所へ行って国の文化，食べ物，歴史，自然を体験しているからとても楽しいんだなと思いました。(4年男子)
>
> 私が一番心にのこったことはカードを使う勉強をすることです。私は美しいビーチをながめて風景のスケッチをすると書きました。あと一つ心に残ったことがあります。それは沖縄は観光で1位ということがはじめて知りました。私は，自分の住んでいる沖縄県が1位なのでとてもびっくりしました。沖縄県は，自然や文化などたくさんあることが分かりました。寺本先生が作ったカードは国語とかでも使いたいです。教えてくれてありがとうございました。(4年女子)

　この2つの作文は，寺本が授業者となり，沖縄県の児童に対し初めて手製のカード教材を活用して試みた観光授業の直後に綴られたものである。自県のよさを見直し，新しい観光客が楽しめるフレーズを26枚の絵カードを参考に考え合った喜びに満ちている。この試みは，沖縄県内の公立小学校を舞台に1クラス8時間かけて展開した提案授業のひとコマである。本章では，細切れで平板になりがちな4年単元「わたしたちの県」を観光のアングルから大きく組み替えることで問題解決学習として魅力的に改善する提案を試みたい。

　我が国は人口減少社会に突入し，地方はとりわけ高齢化と過疎化が著しい。

経済は活力を失い深刻化しつつある。しかし、問題解決の手段がないわけではない。広義の「観光」が有効需要を喚起する。大都市と人口減少県同士が交流し、定住促進も果たさなくてはならない。いわゆる着地型観光をさらに活性化させ、内外からの観光客を招く必要がある。この動きを地方で自律的に推進できる人材は、今目の前に学んでいる子どもたちである。しかし、子どもたちは自県のよさと弱点をどれだけ知っているのであろうか。見ていて観（視）えていない資源があるのではないか。各社の検定社会科教科書にも単元「わたしたちの県のまちづくり」（25～30時間）があるが、単純に自県の地理的特色について地形や交通、産業等と項目別に学んだり、自然や伝統を生かした地域の紹介にとどまっていては地域人材は育ちにくい。この単元を観光単元として組み替えていき、地域の観光資源化を志向した楽しく提案溢れる学習に指導の転換を図らなくては地方創生を支える人材育成は果たせないのではないか。

2　観光立県・沖縄県の小学校社会科

ご協力頂いた学級は沖縄県中城村(なかぐすくそん)立中城南小学校（児童数463人）第4学年2クラスである。沖縄県では全4年生児童にカラー印刷の観光副読本『めんそーれー観光学習教材』（沖縄観光コンベンションビューロー編、47ページ）が配布されており、全国でも唯一ともいえる小学校からの観光教育先進県である。沖縄県に多くの観光客がやってきている事実を学び、観光産業に従事する人々の仕事や接遇に関しても学習できるユニークな内容である。しかし、現実には検定教科書の展開とこの観光副読本の内容とが上手く関連できておらず、学校によっては副読本を十分に活用できていない例もあった。そういう課題を解消するためにも検定教科書執筆者でもある寺本自ら、現地に出向いて公開授業の形で教師に観光授業のモデルをお見せすることが効果的と考えた。

表3-1　4年単元「わたしたちの沖縄県」の冒頭2時間の指導案

（1時間目）

		学習活動	指導上の留意点
導　入	1	地図帳を開いて47都道府県のなかで観光人気NO.1の都道府県はどこか予想する。 ・東京が1位と思う。 ・北海道ではないか ・ひょっとして沖縄県？	・予想した都道府県名を出した後，意見の根拠となる自分の考えを引き出す。
展　開	2 3 4	沖縄県が総合で1位の人気であることを知り，その理由を考える。 ・海や空が綺麗だから？ ・水族館や首里城に来ている ・結婚式で来ているのでは ・保養に来ている？ 観光客は滞在中，どんな目的で観光するのかを考える。 6つの観光資源の窓口をヒントに沖縄県が人気NO.1である理由をグループで考える。どの窓口が決め手？	・総合1位である資料を貼る。 ・『めんそーれー観光学習教材』の該当ページを開かせる。おおよその掲載ページを示してそのなかで探すように促す。 ・隣の人と話し合って探してもいい。 ・各視点ごとにグループから出てきた意見を大まかに教師が整理する。 ・『観光学習』p.17に掲載のグラフ（観光客の滞在中の活動）に着目するように促し，自分たちの予想と照らし合わせるよう促す。 ・6つの窓口を書いたカードを黒板に貼り，児童には班に1枚ワークシートを配布し記入させる。
まとめ	5	6つの視点のうち，どれが最も重要なのか自分の班の考えを紹介する。	・6つの観光資源を分類する窓口の内，どれが最も沖縄県にとって重要かを絞り込ませる。

（2時間目）

		学習活動	指導上の留意点
導　入	1	地図帳に掲載の沖縄本島の拡大図を使い，沖縄本島で県外から訪れた観光客が楽しむ新しい観光の滞在プログラムを作る。	・沖縄本島にある主な観光地名を列記する。 ・『めんそーれー観光学習教材』の該当ページを開かせる。おおよその掲載ページを示してその中で見つけるように促す。
展　開	2 3 4 5	観光地＋動詞の組み合わせで楽しみ方を考え，ノートに各自2つ書き出す。 班で自分の考えを紹介し合う。 班の世話役の子どもが一押しの楽しみ方を一案選択する。 班の代表者が黒板の前に出てきて案を黒板に書き出す。	・隣の人と話し合って探してもいい。 ・最低，2案考えるように勧める。 ・友だちのアイデアを喜んで聞くためにも相づちと感嘆の声をあげるように勧める。 ・楽しく話し合いながら決めていく。 ・班ごとの記入欄を板書で準備する。
まとめ	6	皆で考えたアイデアの感想を述べ合う。	・実現できそうなアイデアを褒める。

写真3-1　沖縄観光が人気 NO.1であるわけを考えた後で、「観光客の楽しみは何だろう。」を学習問題として扱っている筆者

　第1次は2時間連続で学習問題「どうして沖縄県が観光で人気の No.1 の県になれたのだろう。」を追究した。そのときの指導案は表3-1である。

(1) 指導目標
　冒頭2時間分の授業のねらいを次のように定めた。
　沖縄県は観光で人気 No.1 であることを知り、その理由を考え合いながら、沖縄観光がどんな魅力に富んでいるか、観光客は沖縄に何を楽しみに来沖しているのかを考え、自分たちにも新しい滞在プログラムを立案できることを知ることで、観光業や観光の意味について理解を深める（写真3-1）。

(2) ビギナーとリピーター
　沖縄県で使用されている観光副読本の中に沖縄を観光で訪れるビギナーとリピーターの推移を示した棒グラフが掲載されている。すでに、8割に近い観光客がリピーターであり、その目的は観光地巡りや沖縄料理を楽しむ、マ

第3章　小学校における観光教育の実践事例と教材開発

図3-1　絵カード①

図3-2　絵カード②

リンレジャー，ショッピングなどが上位4位を占めているものの，第5位に保養・休養が24％もあると表示されている（写真3-1の左側に写っている電子黒板にグラフを示した）。「何万円もかけてわざわざ休みに沖縄にやってくるわけは何だろう？」というのが子どもたちの素朴な疑問である。よほど，沖縄に魅力がなければ観光客は何度もやってくるわけがない。いったい，どんな魅力が沖縄にはあるのだろうか，と問いが立ち上がってくるのである。そこで授業では，自然・食・歴史・文化・イベント・しせつの6つの窓口を示して，それぞれの窓口にどのような観光地や観光資源があるのかを確かめさせた。観光という目的的な行動が観光資源を同時に享受する行為となり，その結果，観光地が生まれてくる。観光という営みの本質に気付かせるきっかけとなった。

（3）開発したイラストカードの効果

　2時間目の授業で初めて今回の授業のために開発した26枚の観光客が楽しめる行動を示した絵カードを提示した。この絵カードは図3-1，図3-2のように楽しい鳥のキャラクターが観光を楽しんでいる様子を描いたもので，動詞や形容動詞で表現されている。これに具体的な観光地を接合して，たとえば「写真を撮る」と「琉球古民家で沖縄そばを食べる」という絵カードを

49

写真3-2 観光行動を示した26枚の絵カードを前に考え合う子どもたち

手にして,観光地である首里城と合わせて,「首里城で写真を撮って,その後で近くの古民家で沖縄そばを食べる。」などといった観光客が楽しめる行動を言葉で表現させるのである。この作業を絵カードを前にして6人1グループで行った(写真3-2)。

その後,グループ内で一番よかった案を1つに絞らせて黒板に書き出すように促した結果,写真3-3のようなアイデアが案出できた。

一例をあげれば「沖縄ワールドで歩いて楽しみながら,焼き物のたいけんをして,琉球古民家で沖縄そばを食べる」という観光行動が考え出された。こうした,観光客の立場に立って楽しみ方を考え合う機会は,ホスピタリティ教育の基本にもつながり,同時に沖縄らしさをいかに演出し,観光客に楽しんでもらうかを考える企画能力の開発にもつながる。

(4)「しげん化」で学び合う社会科授業の必要性

観光資源となる地域のよさは意外と見出しにくい。すでに観光地として発展できている場合は,卓越した価値のある場所や施設,文化的装置,自然景観などが古くから存在しているからわかりやすい。たとえば,有名な神社やレジャー施設,国立公園などである。しかし,これから個人旅行客が大半を占めてくる時代にあって従来の観光資源だけに頼っていては地方の活性化は期待できない。農林水産業で生産される資源も見方を変えれば観光資源になり得る。観光農園や体験漁業などはその好例である。寺本が「しげん化」と呼んでいる学びは,地域資源の発掘や再認識の作業であり,同時に批判的思

写真3-3　4年生が考えた観光客に楽しんでもらうアイデア

考も働かせつつ問題解決学習が成立する展開をイメージしている。子ども時代から地域の持続可能な発展を考えていこうとする習慣を身につけさせ，提案能力の育成につなげたい。地域から資源を見出したり，見直したり，組み合わせたりするなかで子どもたちは地域への自信と将来への希望を培えるようになるだろう。2040年に若年女性の半減で地方の自治体が消滅するとの推計に悲観するだけでなく，教育も地域の持続的な発展に寄与する使命がある。

　初めて本格的な観光の授業を展開した。5年前に新宿区の公立小学校をお借りして同じく単元「わたしたちの東京都」を組み替えて八丈島と浅草の手づくりの観光パンフレットを作製させたこともあった。オーソドックスに県の地形や人口，交通，産業などを並列に扱う従来の指導法と比べて，その時は格段と魅力的な授業が実現できたとはいえなかった。しかし，今回の観光の学びにはかなりの手ごたえを感じた。子どもたち自身，観光を題材に学習することに強い積極性をみせたからである。自分の住む県の観光の魅力を初めて知った喜びに近い感覚を覚えたらしい。沖縄県は確かに観光で人気がダ

ントツの県ではあるものの，どの県でも観光資源はある。単元「わたしたちの県」は，観光という窓から差し込む光によって面白味を増すはずである。今後，社会科でこそ観光学習が華を開くはずである。いくつかの既存の単元を観光単元に組み替える作業を進めていきたい。

3　「観光地＋行動」で観光プログラムを立案する社会科授業

　観光とは，費用を支払い目的地までの移動を通して何らかの楽しい行動を伴う目的的な行為である。したがって，具体的な観光地が決まれば，そこでの行動も決まってくる。反対に，やりたい行動を先に決めて，行き先（観光地）を決めていくパターンもあるだろう。いずれにせよ，「観光地＋行動」こそ観光行動（楽しみ方）といってよい。本節では，高知市で行った授業実践をもとに観光プログラム立案の面白さを紹介してみたい。

（1）6つの窓口から学ぶ県の観光資源
　自然，食べ物，歴史，生活文化，イベント，施設の6つは，県スケールの観光資源を調べる窓口になる。これを使えば4年単元「わたしたちの県」は観光の視点で組み替えられる。上の**表3−2**は高知市の小学校で行った1時間目の指導案である。高知県の観光統計や情報誌が調査した「高知県は地元の食材を生かした食で人気 No.1」という事実を児童に提示し，自県の魅力を再発見させた。児童は案外，自県のよさを客観的には捉えていない。実際の授業では，冒頭に「観光」という用語の意味（その土地の光る優れたものを観る）に触れ，先にあげた6つの窓口の言葉を黒板に貼り，県内の具体的な観光地や観光資源と符合させていった。

（2）観光地＋観光行動を表す動詞で旅の楽しみ方を立案
　小学校社会科単元「わたしたちの県」は，47都道府県の名称と位置の学

表3-2 高知市の4年学級で試みた寺本の出前授業(1時間目)

	学習活動	指導上の留意点
導 入	1 高知県への観光客年間408万人。地元の食材を生かした食部門では人気NO.1である事実を知る。	・県の観光統計や情報誌を提示する。
展 開	2 高知県が人気の秘密を考える。特に美しい四万十川や、ゆず・カツオなどの産物が人気であることを知り、その理由を考える。 ・人々が美味しい食材を作っている ・太陽の光で果実が出来ている ・太平洋でカツオ漁ができる	・地元の社会科副読本『高知のくらし』の該当ページを開かせ、その中で魅力ある食材を探すように促す。 ・出てきた意見を6つの窓口に整理する。 桂浜・四万十川・室戸岬⇒自然 ゆず・カツオのたたき⇒食べ物 高知城・坂本龍馬⇒歴史 土佐弁・土佐犬⇒生活文化 よさこい踊り⇒イベント アンパンマンミュージアム・牧野植物園・路面電車⇒施設
まとめ	3 6つの観光資源の窓口の中で最も高知県らしい魅力は何かグループで考える。どの窓口が決め手？	・どの窓口が高知県の最高の魅力と思うか、絞り込ませることで県の特色を板書にまとめる。

習から入るが、観光資源と旅の楽しみ方をドッキングして学習するアイデアを考えた。この旅の楽しみ方の絵カードを使うと自県や他県をめぐる旅プランが作成できる。各県の観光資源＋26種類のカルタから観光行動を表す動詞を選択させ、都道府県を旅する楽しみ方を立案させることで都道府県の名称と位置認識も深まる一石二鳥のアイデアである。

　この手法は児童の興味を引き付けるように絵入りのカードが20数枚準備できれば、なお効果的である。前節でも紹介したが、沖縄県の出前授業では、「琉球古民家でそばを食べる」とか「亜熱帯の川でカヌー」等のご当地らしいカルタも挿入した。学習後の児童作文では「私が一番心にのこったことはカルタを使う勉強をすることです。私は『恩納村の海岸の美しいビーチをながめて、風景のスケッチをする』と書きました。あと一つ心に残ったことがあります。それは沖縄は観光で人気1位ということがはじめて知りました。(中略)沖縄県は、自然や文化などたくさんあることが分かりました。寺本先生が作ったカードは国語とかでも使いたいです。(4年女子)」と好評であ

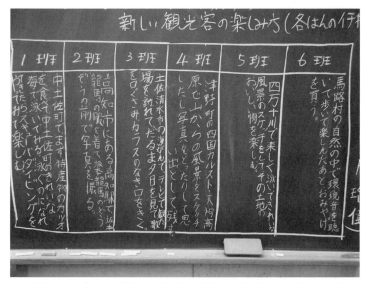

写真3-4　各個人で考えた案を班で話し合い黒板に書き出した結果

った。言語活動の充実にもつながるのでお勧めである。

(3) でき上がった「旅の楽しみ方」

　高知市の2時間目の授業で児童が立案した「旅の楽しみ方」は，写真3-4のような結果となった。たとえば2班が考えた案は，「高知市にある高知駅で坂本龍馬の服をきて銅像の前で写真を撮る」，6班は「馬路村の自然の中で環境音を聴いて歩いて楽しんだあとおみやげを買う」と立案した。具体的な案も登場し，ユニークで楽しい雰囲気の授業になった。

　4年生にとってこういった提案性の強い学びは，学習への積極的な態度を育み，同時に自県の観光資源を見直すきっかけとなる。高知県内の名所や資源を改めて整理し，観光客という他者に喜んでもらうにはどうしたらいいか，仲間と思考を深めるプロセスが楽しい。「観光地＋動詞」の手法は，言い換えれば地域の資源化であり，地域の見方を変えることにつながる。

（4）観光の授業を通して育まれるもの

　観光は地方創生にも貢献する。中学校社会科で学ぶ日本の諸地域学習（地誌）の扱いでも観光は，地域の潜在的価値を理解する窓口になる。観光資源の分布や観光動向の把握，新しい観光商品の開発と地域の変容など題材は豊富である。また，自然環境との調和も ESD の観点で観光を扱えばさらに有効だろう。いわゆる持続可能な観光を真剣に考えることが，これからの地域を支える人材に必要な能力である。

　観光事業は確かに利益が上がらなければ成り立たない。しかし，利益優先で臨めば地域の生態系はたやすく壊れてしまう。観光客は素晴らしい自然を楽しみに訪れているにもかかわらず，観光客をもてなすために施設や交通を整備し結果としてキャパシティを越す入込客を招いてしまうことで自然を壊してしまう。実に矛盾に満ちた要素をはらんでいるのが，観光という産業である。ここに問題解決のテーマが横たわっている。

　ところで，観光人材育成は観光地の地理や歴史を扱う社会科だけで成し遂げられるものではない。観光英語や危機管理，ホスピタリティ精神とおもてなしの態度など，確かな観光者として必要な多岐にわたる能力を保有させたい。観光商品開発では，企画立案や起業につながる計画遂行のための力が育まれる。その意味で観光の学びはキャリア教育にも通じるのである。

　また，社会科とりわけ地理教育はその中で極めて主導的な立場に立てるに違いない。なぜなら，地理が本来もっている他地域理解の手法や地誌の考え方は多様性や異質性を受容するココロを形成するからである。世界が多様性に満ち，資源の不均衡からくる不平等やそこから生じる不毛な対立から逃れるためにも観光（地理）教育は大事な視点を私たちに提供してくれる。そのためにも小中高等学校段階における地理を中核とした観光の授業イメージを早急に作り上げる必要がある。たとえば，荒削りではあるが，小学校段階では，観光現象を理解し地元の魅力や資源を組み立てる学習を，さらに中学校段階では地域の観光振興の問題点や課題を明確化する学びを，高等学校段階

においては地理だけでなく世界史や日本史，外国語とも絡め，観光学部のある大学や専門学校への進学にも寄与できる学びに高めたい。

　すぐにできることがある。社会科や総合学習で観光単元を創造するのである。社会科には既成の単元があるが，いくつかの単元を観光の視点から組み替えることが可能である。問題は既成の単元以上の効果が上げられたか否かを実証する必要がある。本書を読んで頂いている皆さんにその提案実験に参加してもらいたい。総合学習や修学旅行での観光教育はその気になって教材開発や指導方法を開発できる力のある教師でないと失速するかもしれない。だからこそ，社会科教師は積極的に理科や家庭科，外国語等の他教科の教師と協同して観光授業と呼ばれるジャンルの確立に向けて発信していく必要があるのではないだろうか。

4　世界遺産「中城城（なかぐすくじょう）」の価値に気づかせる授業

（1）「中城城」の見学とコラージュ作品づくり

　前節までで紹介した「観光地＋動詞」で観光プログラムを立案させる沖縄県における授業はその後，地元にある世界遺産「中城城」（およそ14世紀中頃築城）を取り上げる内容へと移行した。このグスクと呼ばれる城跡は，日本の名城100選にも選ばれているほど石垣の形状が美しく，実際に児童に見学・調査させ，その美しさや城の要所を撮影させたいと考えた。

　ところで，世界遺産とは，次の目的をもった国際条約によって守られている。「ユネスコの世界遺産条約は，そこに盛り込んである文化と自然が密接な関係にあるという新しい考えに立った極めて今日的な国際条約であること。条約の目的は顕著な普遍的価値を有する文化遺産および自然遺産を損傷や破壊などからまもり，人類全体のための世界の遺産として国際協力によって保護する体制を確立すること。」である。そこで中城城は，単なる地方の文化財ではない世界的な価値があることをさりげなく触れておいた。

写真3-5　比較した姫路城と歴史尺を黒板に貼った様子

　地元の中城村教育委員会では、折しも文部科学省指定の研究開発「護佐丸科」に着手しており、郷土の歴史に学ぶ独特なカリキュラムをスタートさせていた。教育委員会独自で副読本も学年別に刊行され、第4学年では『世界遺産のあるわたしたちの中城村』が作製されている。

　しかし、身近な中城城だけをいくら見つめさせてもその価値には児童は気づかないのではと筆者は考え、本土にある姫路城との比較学習を行った（写真3-5）。比較の視点をもつことで中城城の特色がわかってくる。さらに、観光客に城の価値をわかりやすく紹介するコラージュ作品の製作へと続いていった。2クラス延べ16時間の出前授業であったが、子どもたちはふるさとにある世界遺産が今日まで600年もの間ほとんど壊されないで存続してきたことへの感謝（600年の時間の重みを児童に伝えるため歴史尺を黒板に貼った）とこれから自分たちが継承していきたいと願う責任感の芽を抱かせることに成功した。

（2）実際の授業と見学の様子

　その時の指導案を以下に記したい（図3-3）。
児童の反応では、中城城は600年もの間、残ってきた大事なもの、長く伝わってきたものとの認識を得たようである。遺産という言葉の意味に関しても財産や先人が残した業績という内容を国語辞書で調べたことではっきりして

授業者　寺本　潔

・本時の目標
　世界遺産中城城の価値に気づき，これまで先人が残してくれた地域の遺産として自分たちも継承していきたいと願い，そのためにも実際に見学し石垣の組み方や美しさを撮影しようとする。
・本時の展開

	学習内容	指導上の留意点
導入	1　副読本『世界遺産のあるわたしたちの中城村』p.2を通読し「いさん（遺産）」の言葉の意味について国語辞典で調べる。 2　今から600年ほど前に護佐丸が造った城であることを知り，600年の時間の長さを歴史尺で理解する。	・「いさん」という言葉には「死後に残した財産」「前代の人が残した業績」の二つの意味があることを知らせ，沖縄のグスクは日本では12番目の平成12年に指定されたことを補足する。 ・600年もの時間の長さを紙で作った歴史尺で視覚的に把握させ，長い時間が中城城には積み重なっていることに気付かせる。
展開	3　副読本p.7に掲載の「整備・修復の歩み」の中に「ばっさい」や「とりこわし」の言葉が多く書かれているのはどうしてか，理由を考える。	・大事に保存しなければならない中城城なのに「ばっさい」「とりこわし」が多いのはどうしてなのか，を問い掛ける。
終末	4　「世界遺産」の意味を改めて考える。 5　11月19日に実際にカメラを持って取材することを知り，取材の視点について寺本のスライドで学ぶ。	・「別の言葉で言えば」と切り出し，世界中に大切な「いさん」として認められ，中城村の宝であるとの表現を引き出す。 ・石垣の組み方やその曲線美が空・緑とのコントラストで美しいことを補足する。

図3-3　第4学年観光授業指導案

きた。子どもたちは，しだいに本土の城にはない「固有の価値」に気付き始めた。また，写真の撮り方に関してもより具体的に示す必要から，パワーポイントの画像教材を作成しQ＆Aの形式で以下のように説明した（Qは，児童役，Aは，指導者役）。

　Q　中城城は何年くらい前のお城なの？
　A　はっきりしないけど1440年頃に護佐丸が来てつくり足したから，それ以前にはあった。
　Q　どうして世界いさんにえらばれたの？
　A　つくった時の姿をよくのこしているグスクだから。

・いろんな形や大きさの石を組み合わせたつみ方
　　・四角に形をととのえた石を一段ずつつむつみ方
　　・角が多い石を小さな石がかこむつみ方（写真3-6）
　A　世界遺産 姫路城（ひめじじょう）と比べてみたら
　Q　何をカメラでとったらいいの？
　A　美しい角度から写真をとろう。お城と空のバランスや草花がきれいに
　　はえている場所をさがしてシャッターをおすといいよ（写真3-7）。
　A　石のつみ方や石のけずり方がわかる写真をとろう。
　A　中城村の人がたいせつにお城をまもっているしょうこを写真にとろう
　　（写真3-8）。
　A　何枚か自分のすがたも写真に入れておこう（写真3-9）。

中城城を取材後，撮影した写真を切り貼りし，コラージュ作品に仕上げさせていった（写真3-10，3-11）。授業の後に，作文を児童に書いてもらうよう担任に依頼し，後日筆者のもとに送られてきた。いずれも，世界遺産である中城城を観光資源として自分に引き寄せた優れた内容であった。

　　　　　「中城村や沖縄にたくさんの観光客が来てくれるには」
　　　　　　　　　　　　　　　　　　　　　　　　　　　　4年　男子
　中城村の観光客をふやすには，観光客を十分にもてなすことが大切だと思います。さびしくてつまらない所だと，だれも来なくなってしまうからです。なので，やはり観光客が満足する，すばらしい地いきでなくてはいけないのです。少しでも観光客がもり上がるように，また来れたらいいなと思うように，そういうきっかけをつくるのです。例えば，他の県には無い，無料で沖縄の名所めぐりなど，ツアーを企画することです。どんな観光客にも気軽に楽しんでもらえるような企画を作れば，たくさん観光客が沖縄にきてくれるのではとぼくは思うのです。だから，自分たちにできることがたくさんの人の幸せになるんだという気持ちを持ち続け，努力することで観光客はいくらでも来てくれると思います。多くの笑顔を見て楽しむのが自分たちの生きがいになるのではないかと思います。

写真3-6　中城城の石垣の積み方（亀甲積み，布積み）を説明する画像

写真3-7　移動中のバスの中で中城城の取材の視点を補足

写真3-8　観光ボランティアガイドさんの説明

写真3-9　使い切りカメラで中城城を撮影している子どもたち

写真3-10　コラージュ作品の書き方を解説した筆者による板書

写真3-11　石垣の曲線を生かしたデザインの児童作品

> 「中城村や沖縄にたくさんの観光客が来てくれるには」
> 4年　女子
> 　私は，もっと観光客が来てくれるにはどうしたらいいか考えました。一つ目は，中城村の人が中城城跡についての事がわからない人がたくさんいます。でも，私たちが今の勉強で中城城跡のことがわかったので知らない人たちに中城城跡のよさをいっぱい伝えるといっぱいの人がくると思います。例えば，中城城跡だけにしかない石のつみ方が三種類があるとか。セメントをつかわずに石を組み合わせてるということが観光客には信じられないと思います。しかも，中城城跡は全体が石積みで囲まれていてとってもくふうされています。そして，戦いにも強いと思いました。（中略）クイズラリーをして楽しく城跡を回ると観光客が来ると思います。

　これからの観光振興に対する前向きな姿勢が生まれ始めている。観光教育が人材育成に寄与する教育力を有している証拠であろう。

（3）おわりに

　子どもたちが自県の地域資源を自信をもって他者に紹介できるためには，地域の声をまとめ，ある種のストーリーを伝える場面を用意することが大切である。地元ではあたり前のことでも地元以外には知られていない秘密めいた存在であることを自覚化させることでまちづくり意識の醸成にも寄与するだろう。地元の人の日常の過ごし方，食べ物や風景，言葉など暮らしのなかのあたり前を紹介させ，地元のこだわりを地域の特徴まで格上げし共有する，地元の盛り上がりと口コミを効果的に自覚し，わざわざ宣伝費をかけて広報するのでなく観光客が「わざわざ訪れる」仕組みづくりになるように仕組んでいくしかけが重要といえる。いわゆる着地型観光にも通じるが，季節感や地元感，ストーリーが生きている，寂れていない，人の姿や場所イメージが前面にできている，あるものを使っているなどのフレーズが共有される必要がある。

　子どもたち自身，観光を題材に学習することに対し，積極性をみせるため

観光そのものに教育力が備わっていると断言できる。自分の住む県や地域の魅力を初めて知った喜びに近い感覚を覚えたらしい。今後，社会科を中軸に公教育において観光学習が華を開くはずである。今，なぜ観光の授業が小学校時代から必要かを真剣に考える時代に差しかかっている。

参考文献
寺本潔・田山修三編著（2003）：『近代の歴史遺産を活かした小学校社会科授業』明治図書，130ページ．
萩巣里菜ほか（2011）：小学校における観光教育の可能性―京都市の次世代教育を対象として―．『日本観光研究学会紀要第26回全国大会論文集』pp. 389～392．
森下晶美（2011）：成長期の家族旅行経験と個人の志向・性格との関連性について．『観光学研究』（東洋大）第10号，pp. 95～111．
寺本潔（2013）地理教育が主導する観光の授業―その学習の意義について―．『地理学報告』115号，pp. 67～73．
佐藤克士（2013）：観光研究の成果を組み込んだ「社会科観光」の授業開発とその評価．『社会科教育研究』118号，pp. 1～14．
寺本潔（2015）：4年社会科「わたしたちの県」を観光単元に組み替える提案授業―沖縄県が人気No1であるわけを考え合う―．『まなびと』教育出版，2015年春号，pp. 14～17．
寺本潔（2015）：沖縄県の小学校における観光基礎教育の授業モデル構築と教材開発に関する研究．『論叢　玉川大学教育学部紀要2014』pp. 73～85．

（寺本　潔）

■□ コラム3 □■

勝手に観光大使
――アナザーゴールを活用した意欲向上――

　総合学習においては，教師が子どもたちに学んでほしいことが，子どもたちにとって必ずしも興味深いものとは限らない。子どもたちが意欲的に活動に取り組めるように，教師の求める学びのゴールを活動当初から提示するのではなく，子どもたちの思いや願いからもう1つのゴール（アナザーゴール）を設定した。子どもたちは，アナザーゴールをめざし活動を進めるうちに，教師の求める学びのゴールに，自然に近づいていくような方式を取ることも意欲的に学び続けるために有効であった。

　5年生社会で，日本の地域について学ぶこととした。導入としては「好きな県を選んで調べよう」でよいのかもしれない。しかし，子どもたちの意欲を最優先に考えると，"そもそも"調べたい！　と，子どもたちが思っているかである。私は子どもたちの意欲を高めるためにも，もう一工夫必要だと考えた。そこで「勝手に観光大使に就任してもらうから」と授業をスタートさせた。

　勝手に観光大使は，子どもたちが自分の好きな都道府県を選んで，"勝手に"観光大使に就任して，その都道府県の良さを友だちに伝える活動である。子どもたちは"勝手に"というフレーズを気に入り活動を始めた。クラスの人数から，すべての都道府県を担当できるわけもない。また，同じ都道府県を担当したい子どもがいても"勝手に"就任するので，気にすることもない。子どもたちは「旅行に行ったから」「おじいちゃんが住んでるから」「行ってみたいから」などの理由で，"勝手に"担当都道府県を決めた。

　この単元を始めるにあたり，教師の考える学びのゴールは，(1)各都道府県を知る，(2)発表することで伝える力の向上，(3)友だちの発表を聞いて学ぶ，ということであるが，まずは意欲的に活動をスタートさせるために，子どもたちにPower Pointによるプレゼンの手法を紹介した。

　はじめに，ネットリテラシーについては十分に確認した。インターネットの便利さ，そして危険性である。手軽にさまざまな情報を得ることができるインターネットを使うためには，時間をかけて丁寧に説明していく必要があると感じていた。

　次に，ネットでの検索の仕方である。自分の資料を作るためのコピー，ペーストの仕方など教えたあと，"戻る"ボタンの大切さを教えた。何かトラブルが起きたら，(1)深呼吸→(2)戻る→(3)上書き保存のステップを合言葉に，子どもたちは自由に調べ，活動をすすめた。

　Power Pointを使って発表するということで，その操作方法は簡単ではないかも

しれない。しかし、子どもたちは"現代っ子"である。説明書がなくても、"戻る"ボタンの安心感から、さまざまなボタンをクリックし、次々に技術を習得していった。各自でやりたいように作業を進めたこと、新たな技術の獲得などで、子どもたちの意欲は大きく向上し、夢中になって活動を進めていた。

活動が進むと、PC操作が得意な子どもが、さまざまな技術を使ってプレゼンを作成していた。教師は、その画面をプロジェクターで教室内に投影し、全員にシェアする手立てをうった。

その画面をみた子どもたちは、「すごーい」「やっぱり写真使うといいよな」「その動きどうやってやるの」など、そのプレゼンを作成した子どものところに技術を聴きに行った。これにより、学び合いの姿を引き出すことができた。

また、Power Pointに慣れて自由に使いこなせるようになると、「なるほど、方言とかの情報が足りないな」「おみやげになりそうなものってのは面白い」「食べ物の情報が足りない、もっと調べないと」など、発表に向けてさらに調べて情報を集めるようになり、子どもたちは徐々に教師の設定した"学びのゴール"に向かい始めた。

学習発表会が近づくと、誰に発表するのか、どうしたら興味をもって聞いてくれるのかを子どもたちに意識させた。リハーサルを行うと、聞いている子どもから「下を向いてると聞こえない」「PowerPointが動きすぎて見にくい」などアドバイスをした。子どもたちはお互いに発表しあってアドバイスをすると同時に、すぐに自分のプレゼンを修正するなど、聞き手を意識することで、多くの気づきがあった。

学習発表会では、500人を超える保護者に発表した。参観者からの言葉に子どもたちは達成感を得た。その言葉により、子どもたちは自分のがんばりを認めるとともに、「その県の出身の人がいていろいろ教えられちゃった。もっと調べないと」など"学びのゴール"をいつのまにかめざし、達成していた。

その後、まとめの活動をどのように行うかを考えた。すでに学習発表会の成功で、子どもたちは満足しており、意欲的にまとめるにはどのようにするかである。そこで、プレゼンを各都道府県知事に送付することにした。子どもたちは驚いていた。

「勝手に観光大使だから、勝手に送っちゃおう」子どもたちはニヤリとし、意欲に火がついた。

子どもたちは、「もうちょっと調べたいから時間欲しい」"本物の"知事に送付するということで、子どもたちはさらに意欲を高め、プレゼンを書式にまとめていった。プレゼンと書式という違いはあるが、発表で振り返った課題を解決する場を与えるためでもあった。

子どもたちは自分たちで各都道府県庁の住所を調べ、プレゼンをプリントアウトした資料に、話したことを書き込んでいった。さらに、今までの学習の経緯、"勝手に観光大使"になったことなどを手紙に書いた。そして、教師から都道府県知事に宛て

た手紙を同封し，各都道府県に送付した。

　その後，各都道府県から返事が来た。多くの都道府県で知事やゆるキャラの名前で御礼の手紙とグッズが届き，子どもたちはとても喜ぶとともに，大きな達成感を得た。兵庫県からは，「勝手になんて言わずに，特別観光大使に任命します」と任命状が届いた。さらに，島根県からは，ゆるキャラの"しまねっこ"が感謝状を持って学校に来てくれた。担当者の方々のお気遣いにより，子どもたちにとっては一生の思い出となった。対応してくださった都道府県にはこの場を借りて感謝したい。

　"勝手に観光大使"では，アナザーゴールを提示したことで，子どもたちは，意欲的に活動を始めることができた。そして，友だちと活動をシェアし，発表の場を設ける手立てで自然に学びのゴールに向かうことができた。総合学習に限らず，学びのゴールに向かうために，子どもたちの意欲を高める，アナザーゴール設定は非常に有効である。

　まとめの活動として，リアルの世界に触れるために，各都道府県知事にプレゼンを送付し，さらに子どもたちの意欲を引き出すことができた。ほぼすべての都道府県知事から返事を頂いたことで，子どもたちの達成感，自己効力感は非常に大きなものとなった。

　リアルな世界に触れる効果は子どもの意欲に大きく影響を与える。しかしながら，リアルの世界に出るということは，返事が来ないなどネガティブな面も考えられる。教師は，そのリスクを十分に考えて計画を立て，活動を進めていくことが求められる。そのためにも，子どもたちとコミュニケーションを取り，信頼関係を高め，子どもたちが何をしたいかを考えながらともに活動を進めていくことが大切である。

（沼田晶弘）

第4章

ESD の視点に立った世界遺産の教育実践

火山の降灰で埋没した神社の鳥居も貴重な観光資源（鹿児島県垂水市）

第4章　ESDの視点に立った世界遺産の教育実践

1　ESDの視点と世界遺産の学び

（1）方向概念としてのESD

　ESDは,「持続可能な社会の構築」をめざす方向概念である。価値多元化社会といった教育のめざす方向性が揺らいでいる現代において，教育は何をめざして為されるべきか，そのことを説明する枠組みであると言い換えることもできる。実際,「持続可能な社会の構築」といった文言は，ヨハネスブルグ・サミット（2002）以降の「持続可能な開発のための教育」や教育振興基本計画（2008）の「持続発展教育」といった文言に比べ，ESDの理念を具体的に示したものであり,「持続可能な社会の構築」に適う人材を育成する為に教育はなされるといった方向性は，誰もがその意義に共感できることであろう。しかし，そのような方向概念が，具体的な学習レベルにおいて，さまざまな立場からその目標，内容，方法に関して検討されることで，概念が多様に拡充し，昨今は，何をやってもESDといった，包括的で曖昧な教育として捉えられてきたのではないだろうか。このことは，次の二点の問題点を有する。

　第1は，ESDの教育としての独自性が明確にならないことである。ESDの教育理念が矮小化され，たとえば参加体験型の活動であればESDであると曲解され，結局，這い回る学習に陥る可能性があることである。第2は，教科等の役割が明確にならないことである。ESDが学際的な取組みであったとしても，各教科において，その理念をどのように生かすのか共通理解がない限り，ESDの意義を示すことは難しいであろう。

　以上の問題意識に基づき，とくに世界遺産教育に焦点を絞って検討したい。世界遺産教育は，これまでユニセフにより新しい教育理念として示されたものであり，この教育が，ESDのコンテンツとして位置づくことで，どのように学習することがESDの理念に適うことになるのか明らかにすることが，

その独自性を示すことにつながると考えるからである。また，ESD を方向概念として捉えた時，社会科教育における ESD は，社会科の究極目標である公民的資質を説明する枠組みとして位置づけられる。つまり，公民的資質をより具体的な持続可能な社会構築の担い手としての資質と捉え直すことができるのである。さらにいえば，ESD をめざす社会科教育における学習内容は，持続可能な社会形成を阻害する社会問題や持続可能な社会を可能にした地理的・歴史的事象等が対象となることも指摘できるであろう。

そこで，本章では，世界遺産「宮島」を事例に，社会科における世界遺産学習の ESD 的意義を実証的に明らかにすることを目的とする。最初に，ESD と世界遺産教育との関連について整理しておこう。

（2）ESD と世界遺産教育の関係

ESD と世界遺産教育には，どのような関係にあるのか。ユネスコにおける世界遺産教育が始まるのは，1994 年とされる。この年，「世界遺産の保存と促進への若者たちの参加」といったパイロット・プロジェクトが始まり，「ユネスコ協同学校」に参加校において世界遺産について学習する機会が設けられた。翌年には，このプロジェクトの活動の１つである世界遺産青少年フォーラムが，ノルウェーで開催され，世界各地から集まった「ユネスコ協同学校」の教員・生徒に世界遺産に関する経験や学習成果を交流する機会が提供され，以降，大阪，ロシア等で国際フォーラムが開催されることとなった。そして，世界遺産青少年フォーラムの提案を受け，教師用教材『若者の手にある世界遺産』が 1998 年に出版された。この教材では，世界遺産教育の総合的・学際的な観点から，具体的な教育手法として，討議，調査，実習，視覚授業，世界遺産現地見学，ロールプレイが提唱され，生徒の主体的な学習関与を尊重する方針が貫かれている。また，テーマとして世界遺産条約，アイデンティティー，観光，環境，平和文化が示され，世界遺産そのものを学ぶだけでなく，世界遺産の持続性の観点から，観光・環境・平和と世界遺

産の関係性を多角的に学習することになっている。このような教材は，1999年には130か国，約700のユネスコ協同学校に配布され，世界中で活用されているのである。

　以上，ユネスコの世界遺産教育について概観してきたが，2005年に世界遺産教育は，ESDのコンテンツとして位置づくこととなる。

　2002年の国連総会において，2005年から2014年までの10年間を「国連持続可能な発展のための教育（ESD）の10年」とすることが決議され，世界遺産教育や環境教育が，ESDの概念図の中に位置づけられた。その理由として，ESDの実践には，2つの観点が必要であり，一点目は，人格の発達や，自律心，判断力，責任感などの人間性を育むこと，もう一点は，他人との関係性，社会との関係性，自然環境との関係性を認識し，「関わり」「つながり」を尊重できる個人を育むことであるとし，そのためには，環境教育，国際理解教育等の持続可能な発展に関わる諸問題に対応する個別の分野にとどまらず，環境，経済，社会の各側面から学際的かつ総合的に取り込むことが重要であるとした。つまり，関連するさまざまな分野を「持続可能な社会の構築」の観点からつなげ，総合的に取り組むことが大事だとしたのである。これらから検討すると，持続可能な構築に関わる諸問題の1つの分野として，世界遺産の問題がとりあげられたとみなすことができる。

　このことと関連して，田淵（2011）は，「多くの世界遺産は「持続性の証明」であり，「幸運にも残った」ものである。そのかけがえのなさを確認させる必要がある」と指摘し，世界遺産教育とESDの共通点として，「何世代にもわたって保護されてきた世界遺産は，現世代の人々だけのものではなく，次世代の人々にバトンタッチしなければならないという認識でも共通している。」と持続性といった観点からそれらの共通点を指摘している。

　したがって，ESDとしての世界遺産学習は，文化遺産，自然遺産に関していえば，**「持続性」**がキーワードであり，そのような世界遺産の社会的意味は，「持続性」を実際に証明する社会事象として意義づけることができる

であろう。さらに、社会科授業においては、このような「持続性」を可能にした世界遺産が存在する社会が学習対象となる。実際、世界遺産が維持されてきたのは、それを可能にした社会が存在したからであり、今後、社会のなかで維持・継承されなければならない遺跡なのである。

したがって、社会科授業においては、「世界遺産は、どのように維持されてきたのか」また、「なぜ、維持できたのか」、そして、「これから世界遺産は、どのようにして維持されなければならないのか」といった世界遺産の「持続性」を可能にした社会の仕組みと「持続性」の継承を可能にする社会の仕組みを追究することが求められるのである。そして、このことが、社会科において世界遺産学習を学習するESD的意義であり、言い換えれば、世界遺産教育がESDに位置づくことで、世界遺産学習を通して「持続可能な社会」の仕組みを学習する可能性を高めたことを指摘しておこう。では、世界遺産「宮島」には、どのような「持続性」を可能にした社会の仕組みが存在したのであろうか。

2 「観光」を視点に読み解く世界遺産「宮島」

(1) 世界遺産「宮島」の概要

世界遺産「宮島」の正式な名称は「厳島」(国土地理院管轄) であり、世界遺産には、厳島神社と周辺の建造物群、これらと一体となっている前面の海、背後の弥生原始林を含む森林地域が登録されている。古代から島そのものが自然崇拝の対象だったとされ、信仰上の理由から人間活動がほとんど加えられてこなかったこともあって、日本古来の自然の姿がよく残されている。

厳島の代表的建造物である厳島神社は、593年佐伯鞍職により創建され、1168年に平清盛によって今の形に造営された。平安時代末期以降は厳島神社の影響力の強さや海上交通の拠点としての重要性からたびたび歴史の表舞台に登場している。しかし、たびたび火災や高潮、台風、土石流などの被害

を受けたが，そのつど鎌倉幕府や室町幕府の庇護を受け復興し，現在の本社本殿は1571年に毛利元就により再建されたものとされる。

江戸時代中期頃から，日本屈指の観光地として栄え，現在では人口1800人余りの島に国内外から年間300万人を超える参拝客および観光客が訪れている。2011年には，世界最大の旅行クチコミサイト「Trip Advisor(R)」の日本法人・トリップアドバイザーが「外国人に人気の日本の観光スポット」トップ20の第1位と発表し，原爆ドームと並んで広島県の代表的な観光地の1つとなっている。

(2) 世界遺産の選定基準

厳島神社が世界遺産（文化遺産）として登録されるには，登録基準（文化遺産は6項目）のうち1つ以上満たす必要がある。厳島神社は4項目の価値基準を満たすとされた。それらの選定理由は次のようになっている。

1. 厳島神社は12世紀に時の権力者である平清盛の造営によって現在みられる壮麗な社殿群の基本が形成されました。この社殿群の構成は，平安時代の寝殿造りの様式を取り入れた優れた建築景観をなしています。また，海上に立地し，背景の山容と一体となった景観は他に比類がなく，平清盛の卓越した発想によるものであり，彼の業績を示す平安時代の代表的な資産のひとつです。価値基準(1)
2. 厳島神社の社殿群は，自然を崇拝して山などを御神体として祀り，遥拝所をその麓に設置した日本における社殿建築の発展の一般的な形式のひとつです。周囲の環境と一体となった建造物群の景観は，その後の日本人の美意識の一基準となった作品であり，日本に現存する社殿群の中でも唯一無二のもので，日本人の精神文化を理解する上で重要な資産となっています。価値基準(2)
3. 日本に現存する社殿建築の中でも造営当時の様式をよく残し，鎌倉時代に建築された数少ない建造物となっています。度重なる再建にもかかわらず，平安時代創建当初の建造物の面影を現在に伝える希有な例です。また，平安時代の寝殿造の様式を山と海との境界を利用して実現させた点で個性的で，古い形態の社殿群を知る上で重要な見本です。価値基準(4)

4．嚴島神社は，日本の風土に根ざした宗教である神道の施設であり，仏教との混交と分離の歴史を示す文化資産として，日本の宗教的空間の特質を理解する上で重要な根拠となるものです。価値基準(6)

(注)「価値基準」は日本ユネスコ協会（2012）を参照。
(出所) 宮島本，2008 年。

　世界遺産の価値基準と選定理由に基づけば，厳島神社は，造営当時の寝殿造り様式を残し，海上に立地し，背景の山と一体となった景観が今日まで維持されてきたことが，世界遺産選出の大きな理由であることが指摘できよう。

（3）「観光」を視点にした世界遺産「宮島」の仕組み

　厳島神社とその周りの自然は，どのようにして今日まで維持されてきたのであろうか。このことに関して，長谷川（2010）は，「世界遺産の持続可能性は，遺産の保存，住民等の関係者の福利，世界遺産に係る経済活動（観光等）の三つの調和の上に成り立っている」と指摘し，世界遺産の持続可能性のために必要な観点を示している。これらの観点は，宮島に当てはめるなら，宮島の自然と一体となった景観の保存，宮島島民の福利，宮島の景観を維持できる観光等の経済的な裏づけと解釈することができよう。そこで，本研究では，「観光」を視点に世界遺産「宮島」が維持されてきた仕組みを明らかにしておきたい。

　観光地の立地に関して，新たな観点を示したのは小松原（2009）である。小松原はウェーバーの工業立地論に基づき，観光資源，サービス，交通の3要素からなる観光地の立地条件を示した。

　つまり，この3要素が揃っていることが，宮島が観光地として成立する条件となる。そこで，それぞれの要素に関して観光の点から検討すると，次のようになる。

　交通の面では，宮島は長い間，神聖な島として人が住むことも許されなかったが，中世になると厳島神社に仕える人たちが住むようになる。そして，

江戸時代には参拝客が多く訪れ，観光地として賑わっていく。このような観光客を，対岸の廿日市や地御前から宮島まで運ぶために，渡海船や番船が就航し，渡船業者が定期的に観光客を運んでいたとされる。その後，明

図4-1　観光地の立地条件

治に入ると10数隻の渡海船が，1894年には蒸気船が就航したことが確認できる。そして，1897年には，現在の宮島航路が確立し，宮島駅ができたことにより，鉄道と船による輸送が可能となった。現在，JRによるフェリーと広島電鉄（私電）によるフェリーが就航し，その他，原爆ドームや市内のホテルから宮島をつなぐ定期便が就航している。これらのことから，江戸時代以降，時代に応じて交通機関が発達し，観光客のニーズに応じて利便性を高めていることが指摘できる。

　サービスの面では，江戸初期頃，大根屋（現宮島グランドホテル有もと）が開業し，徐々に宿泊施設が整備され，現在，宮島には約25の旅館・ホテルが整備されている。また，宮島独自のお土産として，江戸時代には色楊子，杓子（しゃもじ）が提供され，明治時代に入ると，伊藤博文のエピソードからもみじ饅頭が考案されている。つまり，サービスの面からは，時代の移り変わりに応じて宿泊施設が整備され，その土地特有のお土産が生み出されていることが指摘できる。

　観光資源の面では，宮島の代表的な建物である厳島神社は，1571年に毛利元就により再建されて以降，幾度ともなく台風等の自然災害によって倒壊・浸水の被害を被っている。しかし，その度に卓越した修復技術と建造の工夫（海水の圧力を弱める床板の隙間，回廊が壊れることで本殿を守る構造等）に

よって，同様の景観を維持している。また，周りの自然は，信仰上の理由から人間活動ができなかった（伐採の禁止，耕作の禁止等）ことにより維持されている。つまり，観光資源の面からは，厳島神社とその周りの自然は，建造の工夫と信仰上の理由から維持されてきたことが指摘できる。

以上，3点の観光地としての側面が，江戸時代以降，世界遺産「宮島」が維持されてきた理由であるといえるであろう。そして，その前提として，地理的に陸とは隔離された島であったこと，神聖な島としての風習が今も残り，神域として大事にされたこと等が要因として挙げられる。

したがって，「宮島」の「持続性」は，**観光地であり続けた観光地の仕組み**が存在したことが大きな要因の1つである。では，このような社会の仕組みを読み解く社会科授業はどのように構成すればよいのであろうか。

3 世界遺産「宮島」の単元構成

（1）単元構成の視点

本単元は，第4学年社会科「県の学習」に位置づく。

広島県の主な産業である「観光業」を取り上げ，観光地としての世界遺産「宮島」が，江戸時代から観光地として持続的に発展してきた理由を明らかにするために，観光地の仕組みを読み解く単元構成が求められる。そこで，図4-2の視点に基づき単元を構成していく。

この単元構成の視点に基づき，単元構成は次の5場面に分けることができる。最初は，世界遺産「宮島」に対する問題意識を高める①問題設定場面である。次は，歴史・自然・風習・交通等の視点から世界遺産「宮島」の仕組みを調査させる②構造追究場面である。そして，世界遺産"宮島"の観光地としての仕組みを読み解かせる③構造分析場面を位置づける。また，これらの認識に基づいて，④解釈構築場面において，これからの宮島観光について具体的な改善プランを形成させる。そして，最後にその改善プランについて話

> ・「持続性」を可能にした地域社会の仕組みを多面的に認識させるために，歴史・自然・風習・交通等の視点に着目させ，子どもたち自身で調査活動を行い，世界遺産「宮島」の観光地としての仕組みを読み解かせる。
> ・世界遺産「宮島」の観光地としての仕組みの多面的な認識に基づき，観光地としての条件と価値を考え，持続可能な宮島の観光に関して，子どもたち自身が問題意識を高め，評価させる。
> ・「持続性」の継承のために，今後の宮島の観光地としての課題を明らかにしたうえで，具体的な改善プランを考え，表現させる。

図4-2　単元構成の視点

し合う，⑤解釈吟味場面を位置づける。

（2）単元の具体的構成

①問題設定場面

　地元の子どもたちにとって，宮島は身近な存在である。しかし，多くの子どもが「厳島神社や新しい水族館がある。世界遺産で，赤い鳥居があり，周りに鹿が多い」等の表面的な理解に留まっている。そこで，宮島に対する問題意識を高めるために，最初，子どもたちに宮島に行った経験や体験からのイメージを交流させたうえで，その他の日本の観光地に関して質問する。すると，ディズニーランドや京都の金閣寺，姫路城や沖縄等を答えるであろう。次に，「日本にはたくさん観光地があるけど，外国人にとって宮島は日本の観光地で何位だと思う。」と問うと，「世界遺産だけど，多分，京都や沖縄の方が有名だから，10位ぐらいかな」と予想するであろう。そこで，宮島は，外国観光客が行きたい日本の観光地の1位であることを知らせたうえで，「なぜ，外国人は宮島に来たがるのだろうか。」と学習問題を成立させ，予想させる。

②構造追究場面

　子どもたちの予想を整理し，自然・歴史・建物・風習（食べ物）・交通などに分類した上で，それぞれの視点に関して宮島の魅力のひみつを調べる調査活動を行わせる。資料やWebでは解決できない内容については，実際に宮島に行き，厳島神社のつくりを調べたり，宮島のお店の方や厳島神社の神主

さんに聞き取ったりする活動を行い，それぞれの視点ごとにまとめさせる。自然に関しては，「信仰上の理由から人間の活動が制限された為，弥山の原始林，ミミズバイ等自然の特色とシカ，サル，ミヤジマトンボ等の生物の特色があること」，歴史に関しては，「厳島神社が593年に佐伯鞍職により創建され，1168年に平清盛によって今の形に造営され，神聖な島として多くの観光客が訪れていること」，建物（厳島神社）に関しては，「幾度の災害（火災・台風等）に遭いながら，建て方の工夫等で再建されていること」，風習に関しては，「島全体が神域だったために，信仰上の理由から，耕作・機織りの禁止，葬式と墓の禁止，出産が禁止されていたこと」，交通に関しては，「当初，帆船等を利用しており，宮島と本島は300mしか離れていない部分があること」等のことが調査されることが予想される。そこで，調べてわかったことを発表し，交流し，宮島に対する基本的な情報を獲得させる。次に，宮島が世界遺産である理由を調べたことから考えさせ，造られた当時の姿を残し，海上に立地し，背景の山と一体となった景観が維持されていることをまとめた上で，宮島が外国人をひきつける魅力について意見交流する。

③構造分析場面

　最初に，宮島の魅力について発表した後，江戸時代から神社を中心とした観光地であったことを確認したうえで，「なぜ，宮島は，長い間，観光地であり続けることができたのか」と学習問題を示す。江戸時代の宮島の様子を描いた絵図を提示し，絵図に描かれている内容を調べ発表させる。この絵図では，今と変わらない厳島神社とともに武士や町人等が行き交い，船着き場やお土産屋などが描かれ，観光地として賑やかな様子を示している。この絵図から，江戸時代と現在の観光地としての仕組みを，観光資源，サービス，交通の視点から意見交流しながら板書にまとめていく。そして，観光地であり続けた理由を子どもなりにまとめさせる。

　次に「この3つの中で一番大切なものは何だと思いますか」と問い，観光地として各々の視点の価値づけを行ったうえで，「宮島はこれから先も外国

第4章　ESDの視点に立った世界遺産の教育実践

表4-1　単元「世界遺産「宮島」」の指導計画

次	場面	学習内容	認識内容	教材・教具
1 (1)	<導入> 問題設定 場面	1．宮島に対するイメージと他の日本の観光地の交流 2．外国人が行きたい観光地調査結果の提示による学習問題の提示と予想の設定	○認知的不調和による学習問題の認識	・宮島，姫路城，ディズニーランド等の観光地の写真 ・観光地調査結果のグラフ
2 (3)	<展開Ⅰ> 構造追究 場面	1．予想の交流による分類と調査問題の設定（自然・歴史・建物・風習・交通） 2．調査活動の実施（書物・WEB・見学） 3．調査結果の交流	○予想の分類による調査問題の認識 ○宮島の概括的認識	・印刷資料（宮島本など） ・Web資料 ・見学のしおり
2 (2)	<展開Ⅰ> 構造分析 場面	1．学習問題の設定と絵画の読み取り 2．観光地の仕組みの追究 3．観光地に関する各々の視点の価値づけ	○観光地の仕組みの多面的認識 ○価値対立場面の認識	・絵画資料（江戸時代の宮島，櫓船，帆船など） ・写真資料（宮島の景観，もみじ饅頭，杓子）
3 (3)	<展開Ⅱ> 解釈構築 場面	1．観光地の改善視点に応じたグループの設定 2．観光地の改善意見に基づく，メディアの制作	○思考の表現を通した認識内容の強化 ○協同的学習による認識内容の強化	・絵画資料，写真資料 ・意見形成プリント
4 (3)	<まとめ> 解釈吟味 場面	1．制作したメディアの発表 2．各々の意見についての討論（実現性の立場からの評価） 3．役場への提案 4．世界遺産の持続性に対する意見形成	○討論を通した各々のメディアに関する多様な対策の認識 ○自らの認識内容の修正と知識の再構成	・プロジェクタ ・インタビュービデオ ・振り返りシート

（注）全12時間（　）の数字は時間数

人が一番行きたいと思う観光地であり続けることができますか」と「持続性」について考えさせる。

④解釈構築場面

　最初に宮島が観光地であり続けることができるかどうか意見交流したうえ

で,「宮島がこれからも観光地であり続けるには,どうしたらいいと思いますか」と問い,3つのなかで一番大切だと思うことを理由をつけて判断させ,改善点について考えさせる。観光資源である「自然と建物が一体となった景観」を選んだ児童は,景観を維持する為にできることを考えるであろう。また,サービスを選んだ児童は,現在の土産物から,新しい商品について考えるであろう。そして,交通を選んだ児童は,現状の観光客数から,宮島までの航路の問題と広島県のアクセスの問題について考えることが予想される。これらの案を具体的に選択したメディアで表現させる。

⑤解釈吟味場面

宮島が観光地であり続ける手立てについて具体的な案を発表させたうえで,各々の内容について,妥当であるかどうか話し合わせる。その後,具体的な案をまとめ,廿日市の役場に提案し,意見をいただく。そして,最後に,世界遺産は,これからどのように維持されなければならないのか,自分自身の意見を形成させる。

以上の単元の展開は**表4-1**のようにまとめることができる。

4　世界遺産「宮島」の実践とその意義

(1) 実践の概要

本開発授業は,広島大学附属小学校4学年を対象に実施した。最初に,「なぜ,外国人は宮島に来たがるのだろうか」といった学習問題(問題設定場面)を成立させ,予想を立て,追究させた(**構造追究場面**)。この追究場面の中で,書物と宮島への調査活動を実施し,自然・歴史・建物・風習・交通の視点ごとに,調査したことをまとめ,交流した。

構造分析場面では,最初に,宮島の魅力についてまとめた後,江戸時代から神社を中心とした観光地であったことを押さえうえで,「なぜ,宮島は,長い間,観光地であり続けることができたのか」と,本時の学習問題を確認

図4-3 享保5年（1720年）貝原益軒の厳島図
（出所）国立国会図書館所蔵。

させ，江戸時代の宮島の様子を描いた絵図（図4-3）を提示した。この絵図では，厳島神社と武士や町人等が行き交い，船着き場やお土産などが描かれ，観光地として賑やかな様子を示している。

以下，構造分析場面の具体的な授業場面である（Tは，発問，Cは，児童の反応）。

T　この絵画には，何が描かれていますか，気づいたことを教えてください。
C　厳島神社が描かれ，回廊なんかが今とよく似ている。
C　お侍さんやシカがいる。何かを売るお店がある。
C　舟がたくさんあって，荷物があり，マークがある。
T　お店はお土産屋さんですよ。何を売っているのかな。
C　江戸時代だから，色楊枝やしゃもじかな。
T　でも，神聖なる島だから木を切ってはいけないのではないかな。
C　本当は駄目だけど，生活のためには少しの伐採は許されていた。
T　そうか，では，今有名なお土産であるもみじまんじゅうはいつ生まれたの。
C　明治時代に伊藤博文のエピソードから生まれた。
T　でも，もみじまんじゅうもしゃもじも今も売っていますよね，なぜ，

写真4-1　授業の板書構成

　ずっと売れているのかな。
（しゃもじに書かれている文字やもみじまんじゅうの味の工夫に関する話し合い）
C　しゃもじは，時代に応じて大きさや文字を工夫している。もみじまんじゅうは，時代に応じて味を工夫している。時代に応じて作り方や味を工夫しているから続いてきた（サービス）。
T　この絵の船はどんな種類の船ですか。
C　帆船じゃないかな。櫓船もある。
T　なぜ，櫓船や帆船があるのですか。
C　短い距離は櫓船で，長い距離は帆船じゃないかな。
（フェリーと比較し，宮島への交通手段の話し合い）
C　時代の変化に合わせて交通も変わっている（交通）。
T　観光地であるためにほかに必要なものはないですか。
C　観光したい建物とか自然とか，宮島なら厳島神社。
T　宮島が世界遺産に選ばれた一番大きな理由は何。
C　自然と建物が一体化した景観です。
T　なぜ，宮島には自然が残っているのですか。
C　宮島は，神が宿る島として自然が大切にされ，耕すことができなかっ

第4章　ESDの視点に立った世界遺産の教育実践

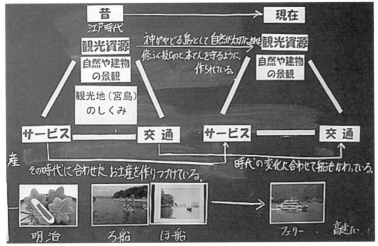

写真4-2　授業の板書（観光地の仕組み）

た。弥山は昔から変わっていない。
T　なぜ，厳島神社は造られた当時のまま残ることができたのですか。厳島神社は海に面して弱そうですよ。
C　宮島の回廊の木と木の間は隙間が空いていて，水が逃げるようになっている。
T　それだけですか。台風が来た時の宮島の様子を見てみましょう。
（災害時の映像の視聴①）
T　こんなに大きな台風が来たら，回廊などたくさんのものが破壊されていますよね。でも，災害が来ても大丈夫だったところがあります。どこでしょうか。
T　何を守ろうとしているのですか。
C　寝殿の中心の，ご神体がある所。
T　つまり，本殿が災害に遭っていないのですね。
（災害時の映像視聴②）
T　気づいたことを教えてください。

C　台風が来て海が高くなったり，風が強くなったりしたら，回廊などが壊れることで，本殿を守るように作られている。

　T　厳島神社の建造の工夫が，厳島神社が造営した当時の面影を残している理由ですね（観光資源）。

　最後に，「宮島」の観光地としての持続性から，**観光資源，サービス，交通**の３点を視点にまとめ（写真４-２），各々の視点に関して，児童に意見を書かせた。

＜児童の意見例＞

A：私は宮島が観光地であるためには，今の景観を守ることが大切だと思います。今の景観は，昔の人が厳島神社の建て方を工夫したり，現在の神主さんとかが鳥居の下の砂浜をきれいにしたりして守っているから美しいんだと思います。あまり，観光客が増えたら汚くなる可能性もあるから，今より観光客は増えてほしくないけど，宮島に参拝したら，宮島が美しくなるように，ゴミを拾ったり，掃除したりするエコツアーを考えて，宮島の良さを考えてもらったらいいと思います。（女子）

B：宮島が観光地であり続けるには，景観を守ることも交通も大事だけれど，楽しみがなければ，そのうち行かなくなると思います。確かに，今，もみじ饅頭は有名だけれど，広島に来たら何処でも買えるので，宮島でしか買えない新しいお土産を考えたらいいと思います。また，宮島歌舞伎はあまり有名ではないので，定期的にできるようにすれば，もっと，たくさんの人が来ると思います。（男子）

C：観光地であり続けるためには，宮島までの交通が便利でないとあまり行きたい気持ちになりません。広電だったら，市内から宮島まで時間がかかるし，外国の人が来たくても，広島空港から広島駅まで１時間以上かかるし，その後電車に乗って来るのは大変です。だから，広島空港から広島駅まで鉄道がないといけないし，広島駅から宮島までの直通の電車があればいいと思う。（女子）

　以上のように，世界遺産「宮島」の持続性に関して，多様な面から意見を

形成することができた。

（2）世界遺産「宮島」の実践の意義

本章では，現状のESDに対する問題意識から，小学校社会科の世界遺産学習に焦点を当て，世界遺産学習のESDとしての意義を実証的に明らかにすることを目的とした。そのために，世界遺産「宮島」を事例に，「持続性」を可能にした社会の仕組みを「観光」の視点から読み解く授業について提案した。本実践の意義として次のことが指摘できる。

第1は，ESDとして世界遺産学習を構成する論理を示し，実際に開発したことである。本開発授業では，「持続性」をキーワードに，世界遺産は「持続性」を実際に証明した社会事象であると規定し，その「持続性」を可能にした社会を読み解く授業構成論理を示した。このことは，今後，世界遺産学習を開発する上で，ESDの学習モデルとして一石を投じるものであるといえよう。

第2は，小学校社会科におけるESD学習のあり方を示したことである。これまで小学校社会科では，ESDの何を学習することがESDにつながるのか，必ずしも明確ではなかった。本研究では，「持続性」を可能にした地理的事象や歴史的事象が存在する社会の仕組みを「観光」を視点に読み解くことが，小学校社会科におけるESDとしての意義につながることを実証的に明らかにしている。

今後，「観光」を視点に，他の世界文化遺産についても検討を進め，「持続性」の証明である世界遺産を学習する意味について検討し，社会科における世界遺産学習のESDとしての有効性を明らかにしたいと考えている。

参考文献

中山修一・和田文雄・湯浅清治編著（2011）:『持続可能な社会と地理教育実践』古今書院，262頁．

長谷川俊介(2010):世界遺産の普及と教育.『レファレンス』5月号 pp.5~27.

田淵五十生著(2011):『世界遺産教育は可能か―ESD(持続可能な開発のための教育)をめざして―』東山書房,88頁.

野村康(2010):アジア太平洋地域におけるESD:研究の現状と課題.『環境教育』Vol.20-1,pp.6~15.

阿部治(2009):「持続可能な開発のための教育」(ESD)の現状と課題.『環境教育』Vol.19-2,pp.21~30.

二井正浩(2011):チェックシート・アプローチによる「よりESD的な」社会科実践への改善―小学校5学年「日本の農業の担い手」を例にして―.『社会科研究』第75号,pp.71~80.

小松原尚(2009):観光地の立地条件.『地域創造学研究Ⅲ』第20巻第1号,pp.1~11.

GRIP文化政策プログラムチーム(2005):GRIPS文化政策ケース・シリーズ5世界遺産宮島厳島神社1. 文化庁委嘱『文化芸術振興による経済への影響に関する調査研究』,p.8.

廿日市商工会議所テキスト編集委員会編(2008):『宮島本』廿日市商工会議所,258頁.

中国新聞社(2006):『世界文化遺産の島 宮島を楽しむ』中国新聞社,126頁.

トリップアドバイザー(2011):「外国人観光客お気に入りの観光スポット2011」〈http://www.tripadvisor.jp〉

日本ユネスコ協会(2012):「世界遺産の登録基準」〈http://www.unesco.or.jp/isan/decides/〉

(松岡　靖)

第4章　ESDの視点に立った世界遺産の教育実践

■□コラム4□■

温泉観光地の教材開発

　温泉好きな日本人にとって，草津や別府などの有名観光地を語ることはそれほど難しいことではないだろう。「湯畑」で有名な草津や「地獄めぐり」の別府という具合に象徴的な観光資源がすぐに頭に浮かぶ温泉地は多い。いずれの温泉地でもレトロな木造旅館が残り，それら老舗旅館のロビーには大正や昭和初期に撮影されたセピア色の写真が飾られていたりする。それらを丁寧に読みとってみると入浴の仕方の変化だけでなく，地域の歴史やその時代の雰囲気が伝わってきて興味深い。

　先日訪れた長野県の諏訪湖畔にたたずむ片倉館という温泉施設も地域色を感じた文化財であった。タイル張りの外壁でアールデコ調の洋風浴場であったが，詳しく見ると，岡谷を中心に発達した製糸産業の福祉施設であった事実がわかってくる。戦前の日本の繊維工業を支えた工女たちが保養のために使っていたのである。

　『絵はがきの別府』(2012年，左右社刊，古城俊秀監修，松田法子著) という本も面白い。そのなかの絵葉書にあったバスガイドやケーブルカー，博覧会，遊園地，公園，分譲地，遊郭，料亭，就航する大阪からの定期船，鉄道の開通，遊覧飛行機の登場，そして軍隊の療養地（負傷した将兵の治療のため）という被写体は，近代という

　　写真1　上諏訪にあるレトロな浴場，
　　　　　片倉館

写真2　『絵はがきの別府』

時代を理解するカタログに近い。明治末期から昭和初期にかけての600枚もの絵葉書が掲載されたこの本は，別府の近代をまるでモノクロ映画のコマのように描き出してくれる。別府は今日まで温泉で有名な町であった。こうした流れを汲んで，「別府八湯」「オンパク」として復活してきた昨今の温泉まちづくりの動きは，中学社会科の格好の教材にもなるだろう。

　戦後は高度成長時代に向かいつつ，多くの温泉地の開発が行われた。1954年から74年の20年間に温泉地数は1133から1916へ，源泉数は8452から2万769へと急増しているという（八岩，2002）。温泉の利用者も金持ちから一般の中高年男性，家族連れ，中年女性そして若年女性へと裾野が広がっていく。観光の大衆化である。今後は外国人観光客向けに温泉観光の魅力をいかにPRしていくかが求められている。

参考文献
八岩まどか（2002）:『温泉と日本人』青弓社.

（寺本　潔）

第5章

中学校における観光教育の実践と教材開発

坂本龍馬の生誕180年を記念して高知市で開催された薩長土中学生フォーラム，観光プランも多く提案された。

1　中学校地理的分野を総括する観光教育

（1）中学校地理は「最後の砦」

　観光教育を考えるうえで，地理は外せない基盤的教養である。ツーリズムの様相が多様化し旅行の目的はそれぞれあってでも，人々が訪れるのは非日常の「地域」であり，その前後の行程では居住地から他地域への移動が伴う。地理的教養が豊かであるほど，旅行での発見はさらに増え，楽しみも広がる。

　観光の実務面でみれば，旅行業者が各営業所に1名の選任を義務づけられている「国内旅行業務取扱管理者」の資格試験では，旅行業法や約款などと並んで国内旅行実務の問題があり，そこでは名所旧跡を中心に，旅行業務に必要な地理情報の基礎を把握しているかが問われている。観光に携わる人材育成には，着実な地理学習が必要と考えられる。

　ところで地理教員にはよく知られている事実であるが，高等学校で地理を学ぶ環境は非常に厳しい状態が続いている。文部科学省の調査（平成25年度）によると，高等学校における地理履修者は53％，本格的に世界地誌を学ぶ地理B（4単位）に至っては23％で，4人に1人しか学習していないのが現状である。さらに大学に進学した学生のなかでも，とくに文系の場合，地理ではなく日本史・世界史履修してきた者が多い。これは，入試科目で地理を設置している大学が少ないこととも関係している。今後，新科目「地理総合」が導入され必修科目となり，改善も期待されるが，画期的な打開策とまでは言い難い。以上のことから，中学校地理的分野での学習は，学校教育の中で地理（特に地誌）を着実に学習する最後の機会となっている。

（2）中・高学習指導要領解説における「観光」の取り扱い

　次に，中学校社会科，高等学校地理歴史科の学習指導要領解説で記されている観光に関する取り扱いについて確認したい。

> 中学校社会科学習指導要領　地理的分野（平成20年）
> (2)日本の様々な地域
> イ　世界と比べた日本の地域的特色　　（ウ）資源・エネルギーと産業
> 　産業学習の領域で，産業地域が自然及び社会的条件により地域的分業化され，交通の発達などで変容していることの一例として，「観光産業」を取り上げる。
> ウ　日本の諸地域　　（キ）他地域との結び付きを中核とした考察
> 　観光地の成立と観光客の移動など，物資や人々の移動の特色をさぐる。
>
> 高等学校地理歴史科学習指導要領　地理A（平成21年）
> (1)現代世界の特色と諸課題の地理的考察
> ア　地球儀や地図からとらえる現代世界
> 　国家間の結び付きについて，観光などの現状と動向に関する諸事象を様々な主題図などを基にとらえさせ，地理情報の活用の方法が身に付けさせる。
> 　個々の観光地や観光動向よりも観光を軸とした国際的な人々の移動を通じた地域や国家間のつながりという視点からとらえさせるように工夫する。

図5-1　中・高学習指導要領にみられる観光の記述

（注）いずれも筆者による要約

　図5-1のとおり，観光の内容記述は中心に非常に少ないことがわかる。また，その取り扱いは，観光地等の事例を地誌的に取り扱うのではなく，産業の実態把握や地図の読解のための道具として位置づけられている現状である。

（3）動態地誌の落とし穴

　観光に密接な地誌学習は，平成20年度改訂の学習指導要領より復活している。そのため，各地域に「観光」の要素を入れて取り組むことも考えられなくはない。しかし，百科事典的に取り扱う古典的な「静態地誌」とは異なり，「動態地誌」の手法が取り入れられていることに注意したい（表5-1）。「動態地誌」とは，日本の対象地域（7地方区分）の特徴的な事象を中心として，地域的な特色を中心に，地域の全体像を追究する形式をとっている。そのため，学習で取り扱われない内容も必然的に多くなっているのが現状である。

　これまでの地理学習で，網羅的に地域を扱ってきたことにより，「地名・物産の暗記」でつまらない科目とされてきた。動態地誌はそのような反省と

表5-1　動態地誌と静態地誌の比較

	動態地誌	静態地誌
特徴	テーマ設定・追究型の地誌	地理的情報の網羅型の地誌
方法	対象地域の特徴的な事象を中心に，他の事象を有機的に関連付けて調べる方法	地理事象全般を項目ごとに百科事典のように挙げ，全体から考察する方法
長所	地域の特定の事象を中心に学習で，地域の特色がわかりやすくなる。	全ての地理的事象を漏れなく捉え，同じ項目を他地域と比較できる。
短所	・地域的な特色がない地域，または特色が数多くある地域の学習が難しい。 ・地域的特色を決める判断基準が主観的なものになる可能性がある。 ・学習で取り扱われない地理的事象が多くなる。	・膨大な地理的情報を取り扱い，時間がかかる。 ・時間がかかるため，網羅的な扱いで知識注入型学習となる。 ・それぞれの地理的事象間の相互関係や特徴などが捉えにくい。

昨今の授業時数削減を背景に基に，取り入れられた手法である。では，生徒が興味・関心をもちながら学習をし，気づいたら各地の地誌を細かく学んでいた，という仕掛けはできないだろうか。そこで「観光」に注目したい。

（4）観光がもつ特徴を生かした地理学習

　観光業は「裾野の広い産業」といわれる。これは，観光に関連する分野が多岐に渡り，他業種へ与える影響も大きいことからいわれることである。
　同じように考えれば，観光学は「裾野の広い学問」であるといえる。地理学に限らず，人類学や社会学，経済学など，観光に取り組む学問は多方面の分野から成り立つ。もともと「自然科学と人文科学の橋渡し役」という総合科学の側面をもつ地理学と観光を融合させれば，互いの裾野の広さを生かしてさまざまな社会事象を多様な側面から考察することが期待できる。
　では，学習の総括として取り入れる場合，具体的にはどのような展開ができるだろうか。その事例として，日本の諸地域学習を総括する授業プランをまとめた（図5-2）。中学校では，3年生で修学旅行に訪れることが多く，地理学習の総括として観光を取り上げることで，学校行事との関連も計れる。

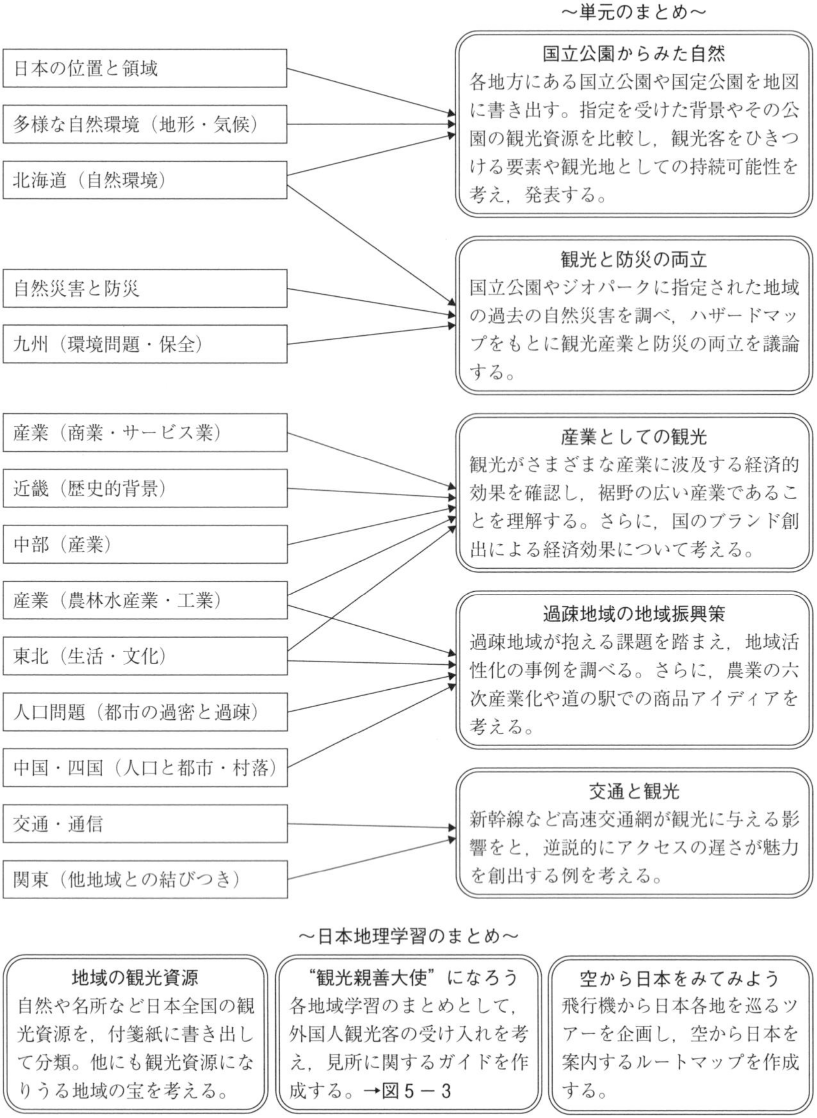

〜単元のまとめ〜

左側項目	→	右側まとめ

- 日本の位置と領域
- 多様な自然環境（地形・気候）
- 北海道（自然環境）

→ **国立公園からみた自然**
各地方にある国立公園や国定公園を地図に書き出す。指定を受けた背景やその公園の観光資源を比較し、観光客をひきつける要素や観光地としての持続可能性を考え、発表する。

- 自然災害と防災
- 九州（環境問題・保全）

→ **観光と防災の両立**
国立公園やジオパークに指定された地域の過去の自然災害を調べ、ハザードマップをもとに観光産業と防災の両立を議論する。

- 産業（商業・サービス業）
- 近畿（歴史的背景）
- 中部（産業）

→ **産業としての観光**
観光がさまざまな産業に波及する経済的効果を確認し、裾野の広い産業であることを理解する。さらに、国のブランド創出による経済効果について考える。

- 産業（農林水産業・工業）
- 東北（生活・文化）
- 人口問題（都市の過密と過疎）
- 中国・四国（人口と都市・村落）

→ **過疎地域の地域振興策**
過疎地域が抱える課題を踏まえ、地域活性化の事例を調べる。さらに、農業の六次産業化や道の駅での商品アイディアを考える。

- 交通・通信
- 関東（他地域との結びつき）

→ **交通と観光**
新幹線など高速交通網が観光に与える影響と、逆説的にアクセスの遅さが魅力を創出する例を考える。

〜日本地理学習のまとめ〜

地域の観光資源
自然や名所など日本全国の観光資源を、付箋紙に書き出して分類。他にも観光資源になりうる地域の宝を考える。

"観光親善大使"になろう
各地域学習のまとめとして、外国人観光客の受け入れを考え、見所に関するガイドを作成する。→図5-3

空から日本をみてみよう
飛行機から日本各地を巡るツアーを企画し、空から日本を案内するルートマップを作成する。

図5-2　観光で総括する日本の諸地域学習（イメージと展開事例）

第5章　中学校における観光教育の実践と教材開発

|地理プリント|　課題："観光親善大使"になろう！
わたしは　　大分県　　の観光親善大使です。　　大分県　　の魅力をお伝えします。
〈おすすめ観光資源〉

〔自　然〕

温泉の源泉数、湧出量ともに日本一を誇ります。大分の中でも有名な温泉街が別府で総称して別府八湯といわれる代表的な8つの温泉が市内に点在していますそれぞれに個性があり、標高350mのところにあり眺めの美しい明礬温泉や醍醐天皇が入浴したといわれる由緒正しい柴石温泉など趣も泉質も異なりますが、歴史あり有名な温泉ばかりです。

〔歴史・文化〕

宇佐神宮は全国四万あまりの八幡社の総本宮として全国的に知られています。広大な境内には三殿の本殿を始めとして能楽堂、呉橋など歴史的、文化的に貴重な建物が沢山あります。八幡大神・比売大名・神功皇后をお祀り725年に創設されたもので、皇室も伊勢の神宮に続いて御崇拝になり、一般の人にも鎮守の神として古くから祀られてきました。

〔行　事〕

←本場鶴崎踊り大会。鶴崎踊りは大分を代表する盆踊りのひとつであり、400年以上の歴史を持っていて国の無形民俗重要文化財に登録されています。

戦国大名大友宗麟が京都から舞子を呼んで踊らせたのが始まりといわれていて、踊り子は八重の輪をつくって踊り、その姿はとても豪華で沢山の観客が訪れます。右の祭りは別府八湯温泉祭りです。温泉の恵みに感謝する祭りで温泉の多い大分だからこその祭りといえるでしょう。

〔お食事〕

大分県豊後のしゃもは大分県特産の地鶏です。一般の鶏肉に比べると脂肪分が少なく身が引き締まっているので女性にお勧めのお食事です。又、大分市の郷土料理に鶏飯があります。醤油・酒・砂糖で煮た鶏肉とごぼうを炊きたのご飯に混ぜるというシンプルなものではありますが、これが代々受け継がれてきた大分のおふくろの味です。

〔特産品(お土産に)〕

津久見特産のみかんを使ったマーマレードが人気です。鮮やかな果皮と香りのよさが特徴のみかんが使用してあります。また、大分はカボスの生産量が日本一です。そのため、柑橘系のカボスと唐辛子を混ぜてつくった辛味調味料やカボスの果汁と熟成醤油を主原料に鰹節の風味を調合したかぼすこなどのお土産も根強い人気を持っています。

〔その他〕

これは唄げんか大橋で、ダム湖百選にも選ばれた北川ダムのダム湖にかかる橋です。逆Y字型の二本の主塔と湖や周りの緑が美しい景観を作り出しています。唄げんか大橋というユニークな名前は地元の民謡「宇目の唄げんか」にちなんで名づけられたものです。これは木浦鉱山が栄えた時代に子守の奉公に出された少女たちが日々の労働の中で気晴らしとして唄ったものといわれ、赤子を背負った少女の像などがみられます。

| 東京からのアクセス | 東京（羽田空港）→大分（大分空港）　所要時間・1時間30分 |

図5-3　「観光大使になろう」大分県の観光大使（生徒作品より）
　　　　自分が訪れたことのない地域を1つ選び，観光親善大使となって紹介する事例

（5）展開事例　観光業の特色をとらえる――外国人旅行客の受け入れ

次に，中学校における観光学習の授業モデルを1つ提示する（表5-2）。

これまでにも多くの学校で「観光」の手法を取り入れた学習は行われてきている。ただし，その多くの実践は，全国各地の物産や名所旧跡などの地理的事象について，旅行をテーマに生徒の興味を引き出すための手段である。たとえば，旅行計画を作成する授業は定番で，筆者も実践してきた。しかしこれは形を変えた知識注入学習ともいえる。

この授業で取り扱うのは，地理学習のまとめとして，外国人観光客の流入を，産業，経済，地域まちづくりの観点から考えるものである。グループ学習で意見交換をする前に使う資料は，沖縄県や宮崎県で出版されている観光副読本で，「インバウンド」に関するものである。

中国人旅行客による「爆買」のように，外国人観光客の増加と受け入れに関するニュースは，報道されない週がないほどメディアで注目されている。生徒たちにとって，ニュースで目にする社会事象をより深く知ることは，興味関心や知的好奇心も高い。授業ではこの事柄を，現象として捉えるだけでなく，今後の方向性について考え，「持続可能」的な観光開発も含めて，将来の社会を展望する内容を含めていることが特徴である。

2　中学校での修学旅行と観光教育

（1）「宿泊を伴う学校旅行」の歴史と実態

「修学旅行」は，学校行事のなかでも生徒の関心が高いものの1つである。さまざまな教育的効果をもたらすが，とくに観光人材の育成という点では，観光の直接経験が新たな観光事業を生む可能性があるといえる。

中学校では修学旅行の実施率は極めて高く，（公財）日本修学旅行協会の調査（2013年）によると，実に93.4％の学校で実施されている。

日本で最初に修学旅行が行われたのは1886（明治19）年で，古くからの歴

表5-2 授業展開事例

	学習内容	指導上の留意点
導入	＜クイズ　外国人に人気の観光地ベスト10＞ ○外国人に人気の日本の観光地ランキング表を模造紙に拡大印刷し，紙で伏せておく。上位10位にあてはまる観光地を答える。 ○ランキングが揃ったら，外国人にとって日本の魅力とは何かをまとめる。 （例）伝統文化　自然　日本にしかないもの テーマ　外国人観光客を呼び込む理由と影響を考えよう。	＊宿題として，駅前等にある無料観光パンフレットを持参するよう事前に指示し，教科書やパンフレットを見ながら当てる。
展開	○外国人旅行客の増加に関するグラフを見せて，その伸びを確認する。また，国籍別の消費額のデータ等，外国人観光客の傾向を確認する。 ＜グループ討議　1＞　次の点を考え発表する。 ①国の政策で，外国人観光客を呼び込む理由は何か ②外国人観光客を招くことにより発生する弊害は何か ③外国人観光客を呼び込む経済以外の効果 →「付加価値誘発効果」を挙げ，長期的な展望を考えた効果をさぐる。 ○山形県，宮城県，京都市の観光副読本をグループに1冊配布し，外国人観光客を受け入れるための配慮について考える。 ＜グループ討議　2＞ 今後，外国人を多く招くために必要なことは何か →　教科書やノートを見ながら，これまでの地理学習の内容と関連させながら考える。	＊法律や規制緩和との関連について補足する。 ＊少子高齢社会による国内市場の限界を指摘する。 ＊文化の違いにより生じる問題が出たときには，移民が多く暮らす地域の話も例にして考える。 ＊③の事例としてフランスを取り上げ，国のイメージの上昇がブランド力となり，消費活動につながるなど，長期的には国にとってプラスになることを指摘する。 ＊物理的なことだけでなくホスピタリティの重要性に向くようにする。
まとめ	○グループで考えたことに加えて，個人的に考えたことをワークシートにまとめる。 ○時間があれば各自が書いたことを発表し，今後の動向を予想する。	＊観光業は裾野が広い産業であることを認識させる。

> 第5章　特別活動
> 第2　各活動・学校行事の目標及び内容
> 〔学校行事〕
> 2　内容
> (4) 旅行・集団宿泊的行事
> 　平素と異なる生活環境にあって，見聞を広め，自然や文化などに親しむとともに，集団生活の在り方や公衆道徳などについての望ましい体験を積むことができるような活動を行うこと。

図5-4　修学旅行の扱い

史をもつ。東京師範学校（現・筑波大附属）が「長途遠足」と称した千葉への「行軍」に，当時の校長等が学術的研究及び教育的配慮を加えて実施されたもので，「東京茗渓会雑誌」で修学旅行の名称が初めて使われた。

　ところで，修学旅行という名称は一般的に多くの学校で使われるが，現在の学習指導要領ではその名称は使われず，図5-4のとおり示されている。

　参考までに，高等学校では授業時数捻出のために，修学旅行を学校行事に位置づけず，総合的な学習の一環として行うために，総合的な学習内での「研修旅行」「地域研究調査」として名称を変更している学校が増えてきている。

　次に，修学旅行中の重点活動についてみると（図5-5），半分近くの学校で寺社仏閣などの史跡や町並みといった歴史学習に重点を置いている。旅行先でも京都と奈良は上位を占め，定番としての地位が揺るぎないものとなっている。

　訪問先での行動にも多様化が進む。班別の自主学習は約8割，体験学習は約6割の学校が実施しているが，受け入れ側のアイディアも年々独創的なものが増え，単なるレジャー目的のプログラムは陰を潜めるようになった。

（2）旅行コーディネイトのあり方
　国立や私立中学校の場合，教員の異動が少ないこともあり，伝統的にその学校独自の校外学習が行われているケースが多い。中学校での国内方面の旅行に絞り，特色的な事例をいくつか紹介する。

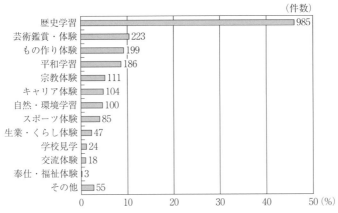

図5-5 修学旅行で重点をおいた活動（分類別）の件数
(出所) 日本修学旅行協会調べ

＊筑波大附属（東京）　富士山麓への旅行で，文学，自然，勤労体験など教科が中心となって設定するコースに分かれて実施。修学旅行発祥校としての伝統があり，事前事後学習など「学」を「修」を重視している。

＊慶應湘南藤沢（神奈川）　年間日程に「旅行週間」(10月初旬)が設けられ，中高全学年が異なる場所へ訪れる。

　　1年：富士山麓自然教室　　2年：東北　　3年：広島・四国
　　4年：北信越　　5年：奈良・京都　　6年：北海道　(高1～3年)

＊日本女子大附属（神奈川）　「経験主義」に基づき，女子校では珍しく全学年で旅行を実施。東北校外授業では「宮沢賢治（妹・トシ）」「高村光太郎（妻・智恵子）」など，学園史に縁のある人物の地を訪れる。

＊愛知教育大附属名古屋　1年で車山，3年で広島に訪れる。2年の「小豆島の生活」は40年以上続く行事で，産業や生活文化など広い分野でフィールドワークを実施。近くの豊島へ環境問題を調査する班もある。

公立学校の場合，修学旅行の行先方面や旅行期間，費用等や引率教職員数などを，各自治体が実施基準で定めている。市町村によっては，小・中学校段階では全てを限定（内容面は各学校に一任）する事例もあり，その場合は前

述のような特徴を出しにくい。しかし，近年は基準を緩和，撤廃する自治体も増えており，学校の独自性も表れるようになってきている。

一方で，旅行が学校としてのコンセプトをもたず，学年ごとに旅行内容に変化する場合もある。これは，旅行の計画が大抵の場合，学年団（学年主任）が中心となって旅行計画を進めるためである。担当教員のカラーが出たり，旅行業者に丸投げしたりするため，年により内容に変化が生じる。このことを防ぐためには，学校として修学旅行にどのような教育的価値をみいだすか，共通認識を持つなどの工夫が求められると思われる。

ところで，修学旅行のプランニングにあたり，必要な視点を次に挙げた。

①生徒の実態を捉える

　（例）生徒の生活経験や実体験で，乏しいことは何か。
　　　　当該学年の段階で各教科との連携を含め学ばせたいことは何か。
　　　　将来の生徒たちに必要と思われる力は何か。

②学校の実態を捉える

　（例）学校所在地の地域の特徴（姉妹都市など）は何か。
　　　　学校が置かれている立場（研究校指定校など）は何か。
　　　　学校として共通に学ばせたいテーマは何か。

③学校内でできることと学外でしかできないことを区別する

　（例）郷土料理を作る体験や自然観察をする体験……同じ体験でも学校内でも出来る体験と，学校内では得にくい体験の違いは何か。

④中学時代にしかできないことと大人になってもできることを区別する

　（例）感受性が非常に強い時代だからこそさせたいことは何か。
　　　　家族旅行や大人になってからの旅行でもできることは何か。

修学旅行が教育的価値をもつための全体像を上図にまとめてみた（図5-6）。図のように，修学旅行の事前・事後学習は特定の限られた時間だけでなく，全体の教育課程のなかで何ができるか知恵を出し合い取り組むことが望ましい。とくに事後学習では，「行ったことがある」地域の諸事象を題材

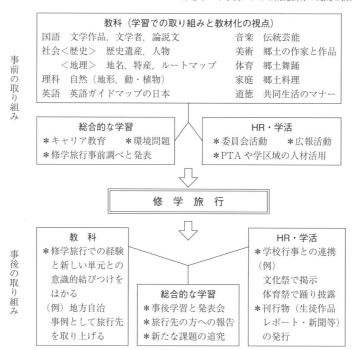

図5-6　修学旅行が教育的価値を持つための全体像

に教材化を進めることで、生徒たちにとっては新しい学習課題に対してもイメージをもちやすくなる。自校の修学旅行に足りないことがないか、図5-6をヒントに再考するとよい。

　ところで、筆者の勤務する京都は、全国から多くの修学旅行生が訪れる。自主研修や各種体験など定番が多いなか、最近の学校の取組みのうち、ユニークな事例を下に挙げた。先生方のアイディア次第で旅はまた新しくなる。

＊（キャリア教育との連携）大学見学ツアーや地元在住卒業生との交流会。

＊（英語との連携）観光地を訪れ見学し、同時にその地に訪れる外国からの観光客に対し英語でインタビュー。

＊（大学との連携）大学生とともに宇治フィールドワークと発表会を実施（写真5-1）。

写真5-1　宇治フィールドワーク

3　農村体験の教育的効果

　修学旅行の行先が京都・奈良であることは，長年の慣習であり歴史・文化学習の実績でも無難な選択肢である。保護者にとっても我が子と同じ体験を学生時代にした点で安心感がある。そのため，旅行の方針変換は平和学習など説得力のある内容でない限り，容易ではない。一方で多様な選択肢が広がる今日の学校旅行で，それぞれのプログラムには教育的価値が潜む。ここではその一例として，農山村体験の実態を取り上げる。

（1）"日本型"グリーンツーリズム――学校における農山村体験

　「マス・ツーリズム」いう言葉がある。大衆が塊となって観光地に訪れるという意味で使われるが，1960年代のヨーロッパや，高度経済成長期以降の我が国における団体旅行を中心とした観光が，それに該当する。修学旅行も，生徒たちがバスで大挙して押しかける点でいえば似ている。その「マス・ツーリズム」は，環境破壊や乱開発など，観光地に大きな弊害をもたらしたため見直しが考えられ，「持続可能な観光」として新しい形態の観光が生まれるようになった。「グリーンツーリズム」はその1つである。

グリーンツーリズムの定義は,「農山漁村地域において自然,文化,人々との交流を楽しむ滞在型の余暇活動」とされている。ところで題名に"日本型"としたのは理由がある。それは発祥地であるヨーロッパのグリーンツーリズムに比べて,違いがあるからだ。ヨーロッパの場合,長期の余暇が制度化しており,都市の雑踏を離れ,美しい景観の中でゆっくりと時間を過ごす文化をもつ。一方で日本の場合は,1990年代バブル時代におけるリゾート開発の反省と,GATT(多角的貿易交渉)ウルグアイラウンド農業合意によるコメ輸入開始以降の農村振興策が大きく影響している。前述の定義も,農林水産省が策定したものである。日本では日帰り旅行も含めてグリーンツーリズムとしており,本場から比べれば,「やったうちに入らない体験」ともいえるかもしれない。

　しかし,農山村体験は情操教育の観点から効果があるといわれる。次項以降では,学校教育全般への効果をまとめる。

(2) 農山村体験の効果と課題

　「緑豊かな農山村には,都市にはないゆとりや安らぎがある」,「自然環境の中での生活や体験は,都市の人々の心に癒やしをもたらす」,「田舎の人々は人柄が穏やかで一緒にいると心が和み,また会いたくなる」……これらは,農山村生活体験で共通してもたらされる効果であるといえよう。

　受け入れ校でも,児童生徒が教室内とは違った目の輝きをもって取り組む様子に感銘し,その後の学校生活でも良い影響を与えているとの声が聞かれる。データとしてみると,平成22年8月の文部科学省の調査では,農山漁村での体験活動実施後に,教員の目からみた子供の変化について結果を出している。調査では,「共通目標に向かって協力し仲間意識の向上がした」「相手のいうことを聞き,理解しあい,相手のことを思いやるようになった」など,豊かな人間性や社会性が育まれ,コミュニケーションが高まり,人間関係のあり方を学ぶ機会になっていることが効果として報告されている。

写真5-2　農村体験——棚田での稲刈り

ただし，課題もある。小椋(2007)の指摘によれば，「児童・生徒が農家や農村を訪問し，農業体験や農村文化体験を享受する事例が急速に増加している」なかで，「パターン化された体験を切り売り的に商品化しているもの」が多く，「また，顧客側の学校のニーズとサービス提供側としての農山漁村側の思いや受け入れ体制とのミスマッチも起こりつつある」としている。前者については，受け入れ団体との事前調整を密にする必要があるし，後者については，双方がそれぞれの事情を理解して無理の内容に進めることが重要と思われる。とくに「ミスマッチ」については，学校の教師が農業や農山村についての基礎的な知識を有していないことが原因のことも多い。

(3) 中学生に持たせたい「農山村の厳しい現実を見る目」

都市部で暮らす生徒たちにとって，農山村は別世界である。冬にスキーなどで訪れることはあっても，夏場に農業で生計を立てている家への宿泊や農作業を通して1日過ごすことは，親戚がいる場合を除き，ほとんどない。

他の旅行では味わえない「感動体験」ができることが，農村体験のよさである（写真5-2）。しかし，中学生の場合はそれで終わりにすることなく，社会科で学んだ知識を検証する場とすることが望まれる。

かつて筆者が，新潟県東頸城地区（上越市・十日町市）で，「雪だるま財団」が運営する農村体験に携わってきた。この地域は教科書に掲載される有名な豪雪地帯で，旧安塚町長の地域活性化策はよく知られる。「雪冷房」・「利雪」もこの地がパイオニアである。その経験から，中学生にもたせたい視点をま

とめてみた。

①受け入れ農家の実態

　地理学の聞き取り調査のように，可能な範囲で農家の生活に関するインタビューの機会を是非設けると，意外な事実がわかる。

　たとえば，受け入れ農家に行っても家主はおらず，「お母さん・お爺さん・お婆さん」で対応することがしばしばある。肝心のお父さんは日中に勤務に出かけている兼業農家である。兼業の場合，勤務先も公務員やJA，建設業など，過疎地域では限られた職種に就いている傾向がある。過去の筆者の経験では，受け入れ農家のお母さんが夜は旅館で給仕のパートをしていて，旅館で生徒とばったり再会したこと，生徒受け入れのためにお父さんがわざわざ年休を取っていたことなどがある。受け入れ農家が高齢夫婦の場合，農作物を自給用と少しの出荷で生計を立てている年金暮らしであることが多い。また，Uターン・Jターンで定年帰農したケースもあったりする。

②過疎地の実態

　車窓からの様子を観察する際に，次のことに気づかせる。

　コンビニエンスストアがないのはもちろん，あったとしても営業時間に注目させてみると，交通量が多いバイパス沿いでない限り，夜間の客足がないことがわかる。「新聞配達はどうしているのですか」という生徒の質問に，「朝，各自が集会所まで取りに行く」と聞き，驚くことも多い。その集会所は，廃校となった小学校であると聞いて，二重の驚きももたらされる。

　金融機関に注目すると，地方銀行のATMがなく，郵便局か農協しかない。実際に現地の体験プログラムの経験者のなかに，郵政民営化が議論された時代，都市生活者ではわからない視点から説明した農家の方もいらして，真剣に考えさせられた生徒もいた。

　温泉施設に注目すると，建物の定礎付近に小さく「ウルグアイラウンド農業合意関連対策事業」と記されていることがある。これは，コメの輸入解禁に合わせ国内の農家を保護するために政府が行った「農山村地域活性化対策

事業」の1つで，地元の農産物の加工販売や温泉を活用した交流促進のための施設建設に対して助成金が出たことを意味する。

　さらに，過疎地域にある業種として農業以外に，主に建設業の割合が高いことを事前に知っておくと，夏は道路工事，冬は除雪作業といった公共事業に頼る地域経済の実態が浮き彫りされる。

③中山間地農業の実態

　農地の様子は，平地にはみられない特徴がある。

　中山間地では棚田で稲作が行われる。農家が真っ先に質問するのは「どうやって水を確保するか」である。事前学習をしない限り天水に頼っているという答えを生徒たちは思い浮かべることはできない。また，小学校の教科書で取り扱われている農業は平野の農業であり，圃場整備とポンプ・排水路が整備された地域である。冬の水を蓄え春に堀切をして水を流し，上の田で使った水を下の田でも使うなど，昔の農業の大変さを知ることができる。機械も使われているが，中山間地では田の区画が小さく，さらに所有する田畑が点在・分散しているために，その都度移動させなくてはならず，作業効率も悪くなる。その田植機やトラクターなどの農業機械は，価格も寿命も乗用車と同じで，農家は自家用車を何台も持っていることと同じと想像させれば，経営が非常に厳しい状況であることがわかるはずだ。経済効率の悪さから切り捨てられた棚田が耕作放棄地となっており，車窓からは雑草が生い茂るかつての棚田も多く見られる。

　「そこまで現実を考えさせなくても」と指摘を受けるかもしれない。しかし都市生活者が農山村に抱く牧歌的なイメージをまず教員が払拭する必要がある。過疎化の問題は日本全国の問題であるにもかかわらず，学習の場面では他人事として捉える生徒が多い。しかし農山村体験でこのような視点から学習すれば，過疎地域の活性化策などを身近に捉える生徒が多くなると考えられる。

4　"地域の魅力"を観光客に伝えるボランティアガイド
――秋田県鹿角市立尾去沢中学校における取組み

(1) 中学・高校生によるボランティアガイドの先進事例

　社会科や総合的な学習の授業で，地元の地域を知る手段として，地域調査を行うことや，講演で歴史を知ることなどは，どの学校でも取り組まれている方法である。この学習に観光の視点を取り入れ，仮想の観光コースを設定し，ガイドブックやガイドマップを作成することもある。しかし，その成果を，実際に地元に訪れる観光客相手にガイドする事例は非常に少ない。

　観光立国推進のために観光庁の取り組んだ事業の1つとして，「児童・生徒によるボランティアガイド普及促進事業」がある。平成20年度には，4地域をモデルとして先進的に事業が行われ，翌年には公募された中から選ばれた16団体が取り組み，報告が行われた（表5-3参照）。また，その報告書をもとに，指導者及び児童生徒向けのそれぞれの手引き書が作成されている。

　全ての事業で共通して得られた成果は，児童・生徒の内面の変化である。「地域を語ることで地域理解が深まり，郷土への誇りや愛情が育ったこと」，「地元のよさを伝え，地元の資源を大切にする態度や地元のために活動したいという社会参画の意欲育成につながったこと」，「挨拶や言葉遣い，人にものを伝えるコミュニケーションなどの大切さを学んだこと」など，多岐にわたる観光教育の効果がみられた。これらの事業は，学校単独で成り立つものではなく，自治体をはじめ，観光地域振興に関わる団体や施設，企業との連携で成り立っている。

　しかしこれらの事業は，実施期間が夏休みなどの休暇中に限定されているケースや，児童・生徒が学校の委員会活動や社会教育の場へ希望する者のみで行われているケースがほとんどである。学校全体を挙げての取組みは，室蘭市の私立海星学院高校による大型客船乗客への英語によるボランティアガイドのみである。この事業後の平成22年度以降に行われた中学校での先進

表5-3 児童・生徒によるボランティアガイド普及促進モデル事業（平成21年度）

地域		活動者			実施された事業内容
		小	中	高	
北海道	松前町＊			○	「松前学講座」で学んだ知識を，小学生等に還元する「高校生のふれあい授業」
	弟子屈町	○	○	○	定期的な自然体験活動を通じて学んだ地元の魅力を，路線バスの折り返し地点でガイド
	室蘭市			○	大型客船の入港に合わせ，市内循環シャトルバスや観光スポットを，外国人に英語でガイド
青森県	八戸市＊		○		市内体験施設（山の楽校）で，そば打ち体験などの指導を通して地域の歴史・文化を案内
東京都	中央区		○	○	地元の企業や店舗等と協力し，日本橋地域の名所旧跡 老舗等をめぐるガイド
新潟県	佐渡市		○		夏休みを利用して，新潟県唯一の「伝統的建造物群保存地区」である宿根木集落を案内
	新潟市		○		佐渡汽船内で，乗船客を対象に映像・パネル等を利用して，佐渡・新潟を紹介
長野県	原村	○			「田舎暮らし見学会」で訪れる人々に対し，原村の魅力をPR
岐阜県	多治見市	○	○	○	ボーイスカウト加入の生徒が，多治見観光ボランティアガイドの勉強会に参加し，ガイドを実施
愛知県	南知多町	○	○		篠島内の名所・旧跡や歴史を学び，観光協会のメンバーの指導のもと，島内をめぐるガイドを実施
石川県	金沢市	○			地域の希少生物・生息環境の保護活動に参加する児童が，地域の自然や文化，歴史をガイド
滋賀県	湖北町＊	○			菅島小学生が，総合学習で島内の観光コースを作成し，近隣島外在住の大人に対してガイド
三重県	鳥羽市	○			湖北野鳥センターの専門員から心構えや鳥の特徴を学習し，センターを訪れる観光客に対しガイド
兵庫県	加西市	○			北条小学校歴史ガイド隊を組織し，町並みや寺社仏閣などの地域の歴史を学習し，ガイドを実施
大分県	由布市	○	○	○	利用者向けにクイズカードなどを作成。湯布院地域の歴史資源，温泉や湧水，植生などを案内
鹿児島県	鹿児島市＊	○	○		石橋記念公園で組織している「子ども学芸員」で募集。公園内の石橋や史跡等の案内を実施

（注）＊印の自治体は，平成20年度からの継続。
（出所）観光庁「児童・生徒によるボランティアガイド普及促進事業報告書」（平成22年3月）より筆者作成。

的な取り組み事例として，秋田県にある鹿角市立尾去沢中学校を紹介する。

(2) 鉱山のまち　尾去沢(おさりざわ)

「尾去沢」と聞いて，場所を特定出来る人は少数であろう。秋田県北東部の鹿角市尾去沢，北は十和田湖，南は八幡平国立

写真5-3　閉山した尾去沢鉱山

公園との間に位置する。スイカの名産地である山形県「尾花沢」と勘違いした人もいるかもしれない。

　この一帯は日本最大の鉱山地帯であり，花岡，小坂，釈迦内といった旧鉱山は現在でも地図帳に掲載されている。地元の名門・秋田大学には，かつて日本で唯一の鉱山学部（発祥は国立秋田鉱山専門学校）があった歴史をもつ。

　とりわけ尾去沢鉱山は，奈良時代の和銅元年（708年）に発見されたといわれる古い鉱山である。伝記では，産出された金が奈良東大寺の大仏鋳造に使われ，さらに，中尊寺金色堂に代表される平泉の文化にも大いに貢献したと言い伝えられている。江戸時代には銅の産出で栄え，別子（愛媛），阿仁（秋田）に並ぶ三大銅山として有名となる。特に明治期に産出された銅は，当時の日本にとって重要な輸出品であり，鉱山は近代産業を支え，活況を呈してきた。昭和30年代からは銅価格低迷により厳しい経営が続き，昭和53年に閉山，現在は坑道内を観光客向けに整備し，「鉱山博物館」として営業をしている（写真5-3）。

　この「史跡　尾去沢鉱山」の観光資源としての価値は，上記の鉱山史だけではなく，さまざまな点を挙げることができる。

・国内最大規模

　鉱山内部の坑道の総延長は800kmで，東京〜広島までの距離に及ぶほど

大規模である（現在は1.7kmを観光用に整備・公開）。

・産業遺産としての価値

　平成19年度に経済産業省「日本の近代化に貢献した東北地方の鉱業の歩みを物語る近代化産業遺産群」に認定されている。

・観察が可能な「鉱脈」

　「鉱脈」とは山中にできた亀裂に金属成分を多く含む熱水が冷えてできたものである。他の鉱山では採掘後に埋め戻されたが，尾去沢はそのまま残されている。縦に長く走る鉱脈（採掘前後）をみられ，非常に貴重で，地学的にも価値がある。

（3）ボランティアガイド発足の背景と活動のようす

　尾去沢のある鹿角市は，現在，過疎化が急速に進んでおり，尾去沢中学校は全校生徒100人に満たない単学級の小規模校である。

　この中学で，ボランティアガイドが導入されたきっかけは，全国学力調査の結果と総合的な学習の見直しであった。平成21年度の全国学力調査では，「人の役に立つ人間になりたいと思う」生徒が多い一方，総合的な学習の時間が好きな生徒が多いのにもかかわらず，「自分の考えを，他人に説明したり文章で書いたりするのが難しい」と考える生徒が多い傾向が見られた。また，それまでの総合的な学習では，「ふるさと教育」の一環として実践してきた「鉱山体験・郷土料理」が，単なるお楽しみ活動となってしまい，鉱山の見学では，坑道も走り抜けるだけで学習が伴わないという反省があった。

　総合の再検討を考えていた頃，3年学活「地域への貢献を考える」で，「尾去沢のガイドができたらいいな」という生徒の一言をきっかけに，ボランティアガイドの計画が進んだ。教員による先進校の視察では，前頁の小木中学校（新潟県佐渡市）に訪れ，さらに観光施設「史跡尾去沢鉱山」の運営会社とも連携をした。その結果，「マインタイム」（マイン＝鉱山）の3つの柱の1つとして「史跡尾去沢鉱山　ボランティアガイド」が，平成22年度

から実施されるようになった（図5-7）。

①ねらい
・ふるさとのよさを知り，ふるさとに誇りをもつ生徒を育成する
・人間関係を育む基盤となる表現力やコミュニケーション力の向上を図る

②全体計画
　5月　全体オリエンテーション
　6月・尾去沢鉱山の学習とグループ役割分担，マニュアルの読み合わせ
　　　・現地でのガイド講習
　7月　校内でのガイドシュミレーション
　8月　現地でのガイド講習
　9月　修学旅行中学校及び一般客へのガイド（本番）と振り返り活動（写真5-4）

③活動内容
・オリエンテーション
　授業の概要や目的を伝え意識を高め，また「ふるさと鹿角」の現状（人口減少，過疎化，歴史，観光業中心の産業などの特徴）を理解している。

・グループ編成と活動
　1グループは6名とし，異学年交流が出来る縦割り編成にしている。これは，3年生のリーダーシップと，活動の継続性をねらったものである。また，グループが目指すガイドをキャッチコピー化して校内掲示をしたり，生徒個人のIDを作成したりと，客接待の意識を高めた仕掛けもつくられた。

・ガイドシミュレーション
　授業毎に現地で練習するのは不可能なため，担当する説明場所の写真を校内に掲示し，シミュレーションが行われた。現地スタッフも学校に訪れ指導し，時間の経過とともに生徒がスタッフに積極的に質問に行くようになった。

・教員の体制
　全ての時間を全教員で指導する体制をとり，1名の教員につき2～3名で

修学旅行生に坑道を案内する生徒（奥）（12日）＝鹿角市立尾去沢中学校提供

史跡坑道 中学生が案内

あす鹿角「地元の良さ伝えたい」

鹿角市尾去沢の史跡尾去沢鉱山で15日、市立尾去沢中学生による坑道ガイドが行われる。

尾去沢鉱山は約1300年前に発見されたといわれる鉱脈型銅鉱床の鉱山で、1978年に閉山。坑道の総延長は約800キ・メもに及び、現在はそのうち1・7キ・メが観光コースとして公開されている。2007年度には、日本の近代化に貢献した東北地方の鉱業の歩みを今に伝えるものとして、経済産業省の「近代化産業遺産」に認定された。

郷土が誇る史跡を自分たちの手で紹介しようと、同校では2010年から、坑道のボランティアガイドに取り組んでいる。

これまで、修学旅行で訪れた関東地方の中学生や地元住民らを案内しており、参加者からは「丁寧で分かりやすい」と好評だ。

今年度は計5回ガイドを行う予定で、上級生が下級生を指導したり、校内の廊下を坑道に見立てて練習したりと、日頃から地道な努力を重ねている。

15日は、全校生徒88人が14グループに分かれて観光客を案内する。同校の沢口康夫校長（55）は「入学時から取り組んでいる3年生にとっては集大成で、ガイド（の腕前）も上達した。地元の良さを伝えようと、一生懸命頑張る姿を見に来てほしい」と話している。

当日は、午前9時40分受け付け開始。同10時頃から11時まで、5分おきに15〜20人ずつ入坑する。所要時間は約50分。問い合わせは、史跡尾去沢鉱山（■■■■）へ。

図5-7　ガイドのようす

（出所）『読売新聞』2012年9月14日朝刊30頁（秋田）より

写真5-4　日本女子大学附属中学校の校外授業生徒を迎えてのボランティアガイド対面式（左）と坑道内での説明（右）のようす
（出所）筆者撮影（2012年9月17日）

担当，特に現地の坑道内での活動では，安全確保のため全てのグループについて安全確保の配慮や活動の支援をする。また，この活動では尾去沢鉱山の知識が必要であり，専門家を呼んでの研修も数多く実施された。

（4）さらに進化するガイド活動

2012年以降，体制は整えられ毎年同じように実施できるようになった。しかしその後の取組みでは，さらに改善が進んできた。

①ガイド対象の広がり

初年度は修学旅行生や市広報で募った一般客が相手であったが，翌年以降広がりをみせている。春先には鹿角市教育委員会の依頼で，初任者研修のフィールドワークとして，新任教員を相手にしたガイドを行い，秋には，尾去沢小学校児童へのガイドをしている。とくに小学生に向けては，中学進学後の予告ともなり，次世代への継承が障壁なく進められる効果が期待される。

②ガイドマスター制度の導入

ガイドのモチベーションや精度を高めるための制度で，マニュアルをみずに説明ができる力を可視化したものである。「習得ガイドポイント」が相応のレベルに達すると，生徒所持のID（3年間使用）の星が塗られる（表5-4）。

表5-4 ガイドマスター制度

レベル	ガイドマスター名	習得ガイドポイント	特徴
1	−	1～6	
2	ブロンズ	7～14	1年間の最低目標
3	シルバー	15～22	2年間の最低目標
4	ゴールド	23	3年間の最低目標
5	−	23+α	＊マニュアルに頼らず会話ができる ＊独自の工夫ができる ＊特別のコースガイドも可能　など

写真5-5　八幡平中生徒とのガイド交流の様子

写真5-6　ガイドの良い点と改善点を書き込む学習シート

③八幡平中学校との交流

　同じ鹿角市内にある八幡平中学校では，八幡平国立公園内の大沼や御生掛を案内するボランティアガイドが始められた。これは，尾去沢中から異動した教員の働きかけによるものである。十和田八幡平観光物産協会「森と山の案内人」の方を講師に招き，基本的なガイドの仕方を学び，その後，ガイドマニュアルを生徒自らが作成，実地研修後，観光客を案内する活動を展開している。観光客とのやり取りのなかで，自ら判断し会話をつなげ，コミュニ

ケーション能力が格段に向上した。2015年には，尾去沢中との「ガイド交流」としてそれぞれのガイド先に出向き，ガイドを披露し合う機会をもった。
（写真5-5）

鹿角市内では他にも，十和田中学校が世界遺産登録をめざす縄文時代の遺跡・大湯環状列石（ストーンサークル）のボランティアガイドを行っている。中学生によるガイドは町全体に広がり，地元に大きく貢献している。

（5）今後の課題
このような取組みが実現できた要因として，3つの要素が考えられる。
・学校規模が小さく，全ての生徒に指導が行き届くこと
・観光資源をもつが，大混雑までに至らず生徒の安全確保ができること
・企業やNPO，その他関係団体や地域住民の協力が得られたこと

同じプログラムを別の中学校で実施する場合，果たして上手くいくかといえば現実的には厳しく，希望者のみの取組みで終わる可能性は高い。

ところでここまで書き並べると，プロ顔負けのガイドが育つと思われるかもしれない。筆者は実際にガイドを取材したが，プロとは違ってその姿は「ごく普通の中学生によるガイド」であった。「客としてガイドをされる」というよりは，「中学生のガイドの姿に感心しながら周りが見守る」感がある。尾去沢中学校校長への取材でも，本物のガイドと比べればまだまだ物足りなさを感じていると吐露されていた。たとえば，場所の説明をする以外の時間に，プロのガイドは雑談力が上手く，お客の情報を上手く引き出し会話のキャッチボールをする力がある。また，お客の出身地に関する情報など話題にする共通のネタをもち，話を弾ませる力がホスピタリティにあたる。

しかし，限られた時間のなかでそのレベルまで生徒に要求はできない。この活動では，観光ホスピタリティの入口部分の基礎を養い，学校生活に戻った時に自分に足りない部分を感じ，日々の生活のなかで補う態度が育てばよいであろう。さまざまな分野におよぶ知識の蓄積と人生経験，そして自らの

旅行体験を積み重ねた後に花咲くことになるはずだ（写真5-6）。

　全国で過疎化は急速に進展し，今後，学校統廃合やそれに伴う小中一貫化も進むなかで，学校は地域の拠点として位置づけられ，地域連携が重要になると思われる。尾去沢中も数年前に比べて全校生徒数が100人を割り，今後も減り続けることが予想されるが，そのなかで，ボランティアガイドにみられる「地域を知る」「地域に愛着をもつ」取組みは有益である。

　筆者による取材で答えてくれた生徒（ゴールドガイドマスター）は，ガイドの練習と本番でこれまで20回は坑道に入っているとのこと。「日本の近代化に貢献したのに知名度が低い尾去沢を1人でも多くの人に知ってもらいたい」と語っていた。将来は，キャビンアテンダントとして働きたいという夢をもち，まさに観光人材の育成に直結している。史跡・尾去沢鉱山のスタッフの話では，このボランティアガイドを経験した卒業生で，県内最大手のバス会社に就職したバスガイドが実際に誕生したという。この地域でボランティアガイドを実践した生徒たちの，その後の姿の検証に期待したい。

参考文献
文部科学省中央教育審議会教育課程部会教育課程企画特別部会（第9回 2015.6.9）
　配付資料
〈http://www.mext.go.jp/b_menu/shingi/chukyo/chukyo3/053/siryo/__icsFiles/afieldfile/2015/08/04/1360076_2_2_02.pdf〉2015年10月12日閲覧。
宍戸学（2006）：観光教育の拡大と多様化を考える―観光教育とは何か―（特集　観光教育がおもしろい）．『地理』51-6，pp. 28～35．
前田武彦編著（2013）：『観光教育とは何か　観光教育のスタンダード化』アビッツ株式会社，pp. 188～196．
澤渡貞男（2013）：『ときめきの観光学　観光地の復権と地域活性化のために』言視舎，pp. 143～152．
公益財団法人日本修学旅行協会ウェブサイト
「修学旅行の歴史」〈http://jstb.or.jp/files/lib/2/18/2013013120061076 70.pdf〉2015年10月12日閲覧。
「2013（平成25）年度実施国内修学旅行の実態とまとめ」
（中学校調査）〈http://jstb.or.jp/files/lib/2/121/201503021043032062.pdf〉

（高等学校調査）〈http://jstb.or.jp/files/lib/2/123/201503031523059055.pdf〉
「2015（平成27）年度修学旅行実施基準概要一覧」
〈http://jstb.or.jp/files/lib/2/133/201505130947135354.pdf〉
青木辰司（2010）：『転換するグリーンツーリズム　広域連携と自立を目指して』学芸出版社，pp. 84〜103．
(財)都市農山村交流活性化機構編（2002）：『地域ぐるみ　グリーンツーリズム運営のてびき　―都市と農山村の共立・対流―』農文協，pp. 12〜21．
(財)都市農山村交流活性化機構（2007）：「滞在型ツーリズム等振興調査報告書」（平成18年滞在型ツーリズム等振興事業），pp. 144〜145．
鈴村源太郎（2009）：小中学生の体験旅行受け入れによる農村地域活性化．農林水産『政策研究』(15)，pp. 41〜59．
若林憲子（2013）：グリーンツーリズムの教育旅行による農家民宿・農家民泊受入と農業・農村の展開可能性．『地域政策研究』15(3)，pp. 159〜179．
小椋唯一（2007）：『教育旅行が地域を変える　子どもたちの観光力』株式会社エムジー・コーポレーション，pp. 118〜239．
観光庁（2010）：「児童・生徒によるボランティアガイド普及促進事業報告書」pp. 1〜64．〈http://www.mlit.go.jp/kankocho/shisaku/jinzai/kodomo.html〉2015年10月12日閲覧．
株式会社ゴールデン佐渡（2006）：「日本を支えた尾去沢鉱山」pp. 2〜23．
児玉則幸（2012）：「郷土に誇りを持ち，豊かに表現しよう　〜史跡尾去沢鉱山ボランティアガイドの実践」第26回秋田県教育研究発表会資料，pp. 1〜13．
井上和衛（2011）：『グリーンツーリズム　軌跡と課題』筑波書房ブックレット，pp. 27〜55．
安田彰（2010）：『観光ホスピタリティ読本』(株)ジェイティービー能力開発．

（澤　達大）

■□ コラム5 □■

京都修学旅行の魅力

　2014年の日本修学旅行協会のアンケートによると，京都は主な旅行先県として中学校で1位，高等学校で3位であり，東京，沖縄と共に日本の修学旅行において最大の仕向け地の1つとなっている。そのような京都の修学旅行を支援するWEBサイトとして，「きょうと修学旅行ナビ」がある。その内容は，歴史と文化に富んだ京都のまちを，知識として（京都を学ぶ），見識として（京都を歩こう），体験として（京都を体験）複合的に学んでもらおうという意図に基づいている。複合的な習得手段をもつ「学びのまち」。京都は，そのようなブランドを確立してきたのである。

　しかしここでは，京都修学旅行のもう1つの側面に触れてみたい。それは多くの修学旅行で実施される班別自主行動についてである。同協会の中学校に対するアンケートによると，班別自主行動にどの場所を選択しているかという問いに対して，京都が第1位（44.2%），東京が第2位（19.9%）となっており，京都が圧倒的な支持を得ている。もちろんこの傾向には，修学旅行旅館の市内中心部への集中や，まち全体のコンパクトさ等の条件も関係しているだろう。しかしそこには，歴史，文化，産業，商業に富んだ京都をもっと複合的に楽しみたい，言い換えれば京都の「都市観光」への期待があると考えることもできるのではないだろうか。宗田（2005）によると，「都市観光とは文化的観光」であり「歴史文化都市の文化的資源を満喫する観光」である。そして「産業」や「買物」も文化産業をみているという意味では都市観光といえると指摘する。歴史，文化，産業，商業に富んだ京都は，このような都市観光の魅力を存分に味わえる町であると考えることができるのだ。

　一般的に班別自主行動を計画するにあたっては，出発前に班別にテーマを決め，そのテーマに沿った下調べを行う。これが都市観光という舞台に立った時，そのテーマは多様に，そして複合的に広がってゆくことになる。したがって，そのテーマはガイドブックや観光案内に載ったなかからの「選択」ではなく，地域の文脈を参照しながら自らが「創造」するテーマを設定することが可能になるだろう。たとえば，音，色，路地，水といったテーマへの注目は，複数の地域資源や文脈を創造的に結合させる。今日の修学旅行では，まさにこの生徒達の「創造的な学び」に価値を見出し始めているのではないだろうか。

　「学びのまち」京都と，「学びを創造するまち」京都。修学旅行としての京都の魅力は，これからも生徒自身の手によって広がってゆく可能性に満ちている。（片山明久）

第6章

高等学校における観光教育の実践と教材開発

白樺林の中にひっそりとたたずむ教会と軽井沢に初めて別荘を建てた宣教師 A.C. ショーの胸像を見れば、観光地形成のきっかけが理解できる。

1　これまでの高等学校における観光教育

　高等学校において観光教育はどのような形で行われているだろうか。宍戸（2009）は高等学校における観光教育の歴史の整理を行い，1966（昭和41）年に京都市立西京商業が「貿易観光類型」を，1980（昭和55）年には鹿児島城西高等学校が「国際ホテル観光科」を設置し，さらにリゾート法の施行やバブル経済の影響を受け，1980年代後半から「特色ある教育」の一環として各地の公立高校での観光教育の開設が進んだことを指摘した。この時期の高等学校における観光教育は観光産業への人材育成を目的としており，やがてバブル経済の崩壊とともに見直しが行われ，学科の廃止やコースへの変更を行う例がみられた。

　近年の傾向として，自治体や地域社会の要請に基づき，観光教育の学科やコースを設置する例が増加している。宮城県は県立高校の将来構想を策定するにあたり，松島高等学校への観光系学科新設を計画し，2014（平成26）年に設立された（新県立高校将来構想 http://www.pref.miyagi.lg.jp/soshiki/kyou-kikaku/shinkousou.html 2015年10月9日閲覧）。長野県白馬高等学校は2016（平成28）年4月より国際観光科を新設するが，これは自治体や地域住民の提言を受けて実施するものである（白馬高校魅力化プロジェクト http://www.vill.hakuba.lg.jp/high-school/index.html 2015年10月9日閲覧）。観光は21世紀最大の産業として世界中の国々がその育成に努めており，日本も政府の観光立国推進政策により訪日外国人観光客が増加しており，市民に観光の重要性が認識されるようになってきたことが影響していると考えられる。

　宍戸（2009）は，2007年現在61校が観光教育に取り組み，これまでのような観光産業への人材育成とともに，「総合的な学習の時間」での展開，学校設定科目での実施など，観光教育の多様化が進んでいると指摘している。近年の観光に対する関心の高まりを背景に観光をテーマとした教育の実践例

が増加していること，また観光は学際的な学術分野であり，社会科，英語科，商業科など様々な教科において観光を題材にした学習内容が考えられることが，観光教育の多様化につながっていると考えられる。

2　法政大学女子高等学校「旅する人の観光学」の実践

（1）法政大学女子高等学校の学びの特色

　観光教育の多様化が進む一方で，これまでの観光教育の実践報告は，何らかの形で観光産業への関わりを目的としている専門学科や総合学科における取組み例が多かった。普通科における選択授業や総合学習における取組みもまた近年盛んに行われるようになったが，学科名やコース名に反映されないことが多く，第三者が実施状況を把握することは難しい。普通科における観光教育の実践報告は，関係する学校や教員のほうから積極的に発信していくことが求められるだろう。そこで，筆者が勤務校の法政大学女子高等学校で取り組む「旅する人の観光学」という選択授業について報告し，普通科にて観光教育に取り組む効果や留意点について検討したい。

　法政大学女子高等学校は，「自由と進歩」の学風を掲げる法政大学の付属高である。本校の名誉校長であった作家，野上彌生子が生徒への講話のなかで述べた「女性である前にまず人間であれ」という言葉は，本校の教育指針として受け継がれている。生徒の自主性を重んじ，自ら積極的に社会へ参加していく生徒の活動を支援してきた。

　本校は大学付属校であるが，進路指導においては2015年現在，法政大学への推薦資格を保持しながら他大学の併願受験が可能な独自の制度を採用している。生徒が大学で学びたいことはなにかを積極的に考え，法政大学やその他の進路を能動的に選択していくことができるようにするための制度である。進路指導においても，生徒の自主性を重んじる本校の校風が反映されている。

本校が研究と実践を重ねてきた独自の授業として，2年生と3年生に実施している「特別講座」が挙げられる。これは既存の教科枠にとらわれず，生徒が自ら調査，研究，発表や論文作成を行い，自らの学びを深めていく選択授業である。この目的のために設定されるテーマは，古代日本の神話研究や近現代文学，生物学，食文化，被服文化，笑いをテーマにしたコミュニケーション研究など，多岐にわたっている。「旅する人の観光学」は，この特別講座の一つとして，2004（平成16）年度より3年生を対象に設定している。

（2）「旅する人の観光学」の目指すもの

筆者は大学院にて観光学を専攻し，その後本校に着任して特別講座という独自の授業があることを知り，自分も特別講座の新たな活動として観光学を取り入れた授業展開はできないだろうかと考えていた。そして授業やホームルームにおいて生徒たちと話をするなかで，本校の生徒は実にさまざまなところに観光へ出かける経験をもっていることを実感していた。近年は観光の大衆化が進み，観光は生徒にとって決して珍しい経験ではない。また，本校が女子高であることも背景にあると考えられ，観光地において積極的に動き回る女性の姿を多くみかけるが，本校生徒も同様に観光を積極的に楽しんでいる様子を窺うことができた。

生徒の話す観光の経験からは，地域の歴史や文化に親しみ，交通機関や宿泊施設に興味をもち，都市景観のあり方に疑問をもつなどの，さまざまな現代社会の事象に関心をもつ様子が感じられた。これは観光が多くの人にとって楽しい行動であり，楽しむという積極的な動機が訪問先への高い関心を引き出した結果であると考えられる。この生徒が抱く関心を，生徒の学びにつなげることはできないかと考えた。

前述のように本校は大学付属校であり，普通科の高等学校である。生徒の多くは4年制大学への進学を志望しており，大学への進学を視野に置いた学習活動が求められている。生徒が大学においても能動的に学び続けるために，

調査や研究，プレゼンテーションなどの技術を身につけ，そして何より探求し続けることの楽しさを知る機会をもつことが重要であると考えている。

講座名は「旅する人の観光学」とした。旅をすることが好きな人は観光学を学び，その経験をより豊かなものにしよう，という教員から生徒へのメッセージを講座名に込めた。生徒たちが観光学を学び，これまでとは違った視点で観光を経験するなかで，新たな課題を発見し将来の積極的な進路選択につながるような授業にしていきたいと考え，授業内容の模索を続けている。

(3) 授業の構成

特別講座「旅する人の観光学」は，3年生の毎週木曜日午後に2単位（50分2コマ）実施される。3年生に設定する理由は，本校において研究旅行と呼んでいる校外宿泊行事をカリキュラムの制約上3年生にしか設定できないことと，本授業の最終目標として課している大レポートを，高校時代の学びの集大成として取り組んでもらいたいからである。一方で3年生は3学期には授業時間が設定されない。生徒にとって新たな学問領域である観光学を限られた時間内で扱わなければならないという問題があり，その目標設定とスケジュールに慎重な検討が必要である。

①講義

観光を1つの学術分野として学ぶことは，多くの生徒にとって初めての体験であり，ある程度知識を深めるための講義が必要である。講義内容は基本的に講座担当教員が準備しているが，より深く専門的な内容を学ぶために，外部から講師を招くこともある（写真6-1）。

講義の内容は，学期毎に目標を設定している。1学期は観光学の入門と，夏休み前に研究旅行を実施するため，旅行先で講義内容を検証できるもの，班行動のプラン作りに応用できるものを中心に行っている。一例として，講義のタイトルと概要を記したい（図6-1）。

第6章 高等学校における観光教育の実践と教材開発

写真6-1 外部講師の方による東京都御蔵島におけるエコツーリズムに関する講義

講義名：宿泊業が社会に果たす役割とは？
概要：日本の宿泊業には，大きく分けてホテルと旅館の2つの形態がある。ホテルは客室の利用形態が国際的に標準化され，また施設の大規模化が可能であることから，外国人観光客やコンベンションの誘致に欠かせない施設である。一方で旅館は日本独自のホスピタリティを提供する。ホテルと旅館はそれぞれの特性をいかした役割分担がなされている。

図6-1 講義の内容例

　この講義内容をふまえ，後述する研究旅行では京都の景観論争の対象となった現場を訪れる。京都に大規模な建築物はふさわしくないという意見がある一方，国際観光の推進において会議場や宿泊施設などの大規模な建築物が必要だという意見もあることを，講義で得た知識と照らし合わせることで実感することができる。

　2学期には，レポート作成に向けてそのヒントとなるように，観光に関する最新の動向や身近な地域での観光について取り上げている。外部講師を招き，より専門的な研究領域を紹介するのもこの時期である。近年は特に，本校の所在地である横浜市や近隣の川崎市，横須賀市などにおけるまちづくりの紹介に力を入れている（図6-2）。

・回遊論と観光への応用
・まちづくり　住民参加をデザインする
・旅行会社が社会に果たす役割
・事例研究　知的好奇心は観光資源だ！　産業観光の取組み
・なぜ外国人観光客を誘致するのか？～あなたの伝えたい日本は何ですか～

図6-2　講義のテーマ例

　観光学の取扱う領域は幅広く，限られた講義時間で網羅することは限界がある。講義の中で重視してきたことは，これまで生徒が体験してこなかった新たな探求の視点を提示し，新たな進路での学びにつなげることであり，生徒が自ら講義内容の検証に出かけ，その興味・関心をさらに発展させることができる内容になるよう留意している。

②校外研究

　観光は「楽しみのための旅行」であり，何より現場に出かけて自らも楽しむことが，観光の世界にアプローチする最も効果的な手段である。座学だけでは伝わらない観光の魅力を確認するために，積極的に校外に出かけるようにしている。法政大学女子高等学校の校外活動は，日帰りの「校外研究」と，宿泊を伴う「研究旅行」があるが，まず校外研究について紹介したい。

　1学期には，都内にある都道府県のアンテナショップ巡りを実施している。各地の名産品を販売する店舗を巡ることによって擬似的な旅行体験ができるほか，短時間で複数のアンテナショップを比較することにより，各都道府県の地域性や観光政策の比較を行うことができる。アンテナショップではなるべく職員の方に時間をいただき，アンテナショップ設置の目的やその効果，地域のPRをお願いしている。生徒たちは運営に関する知識を得るとともに，郷土を愛して熱心に活動に取り組む職員の方々に感動する。この経験は観光学を学び始めた生徒にとって大変刺激的であり，観光学への関心を高めるきっかけとなり大変貴重なものになっている。

　2学期には，講義内容の検証を中心に訪問先を設定する。近年とくにまちづくりを講義内容に取り入れているため，その現場を訪れることが多い。ま

第6章　高等学校における観光教育の実践と教材開発

写真6-2　宮崎県のアンテナショップにて，運営に関するお話をスタッフの方より伺う

写真6-3　箱根のホテル敷地を散策し，リゾートホテルが箱根の発展に寄与した歴史を学ぶ

> ・川崎市の産業観光
> ・東京都台東区の観光政策
> ・羽田空港の国際化を考える
> ・カレーの街よこすか散策〜食を中心としたまちづくりを考える〜
> ・神奈川県箱根の観光〜その歴史と魅力〜

図6-3　校外研究　実施例

た生徒の提案から訪問先を設定したこともあり，さまざまな場所へ訪れた実績がある（写真6-2，3）。図6-3にその実施例を紹介したい。

③研究旅行

1学期の期末試験終了後，3泊4日の日程で実施している。目的地は，移動距離が手頃であること，まちづくりや景観問題などテーマが多岐にわたり巡検を行うのに最適であること，そして後述する生徒の班行動を行うにあたり，多種多様な目的地を設定できることから，近年は神戸市と京都市を組み合わせて訪問している。表6-1は2015年度に実施した研究旅行の大まかな行程である。

まず到着した神戸市では，本校の所在する横浜市と対比しながら街の歴史や特色を活用した観光施策について巡検を行った。また宿泊するホテルが比較的規模が大きく各種施設があることから，その中の1つであるブライダルコーナーを見学させていただき，宿泊以外にも様々な目的でホテルが活用されていることを学習した。

2日目の須磨海浜水族園では，常に新たな仕掛けを準備して市民に愛される施設を目指す同施設の取り組みについて，スタッフの方にご案内いただいた。そして京都市へ移動し，夜は祇園や八坂方面への散策ツアーを実施した。

研究旅行の準備において特に時間を費やすのが，3日目の班行動である。班は3名から6名で構成し，それぞれに架空の旅行会社名を名乗らせる。そして「子育てを終えた主婦グループ」「夏の京都を初めて訪れた老夫婦」「日本を初めて訪れた，日本語の全くわからないイギリス人夫婦」など，さまざまな客層を描いたカードを準備し，くじ引きで各班に割り当て，それぞれの

表6−1　2015年度　研究旅行の行程

7月9日(木)	新横浜出発→神戸市　ハーバーランドでの巡検の後，自由見学　宿泊ホテルのブライダルコーナー見学　貸切バスによる神戸夜景ツアー
10日(金)	須磨海浜水族園の見学（スタッフによる観光施設運営に関するレクチャー，施設見学など）→京都市へ移動　京都駅駅舎見学　夜の京都散策ツアー
11日(土)	班別行動（事前に立てたプランを現地にて検証）
12日(日)	景観論争の現場を訪れる　→新横浜にて解散

客層に合わせた観光プランを作成する。できあがったプランは，研究旅行前の授業時間に行程とその魅力についてプレゼンテーションを行う。その際生徒には，実際の旅行会社社員がプラン採用を目指しているつもりでプレゼンテーションを行うように指示している。生徒は他者を楽しませることを目的にプランを検討することで，自分自身が楽しむことを目的にしていては気がつかなかった観光地に対する多角的な視点を養うことができる。また自らが練り上げたプランの魅力を伝え，採用してもらうという明確な目標があるため，毎年創意工夫をこらしたプレゼンテーションが展開される。

　当日は自ら練り上げたプランに沿って行動し，検証を行う。その結果は9月末の文化祭においてポスター展示を行っている。班によっては検証不十分でポスター製作時に資料不足に悩むこともあるが，多くの班が基本的に毎年熱心に取り組んでおり，過去には「車いすを利用するお年寄りがいる家族連れ」という客層に対し，事前に現地施設に交渉して車いすを借り受け，検証を行った例もあった（写真6−4）。

　4日目は，京都の景観論争を考えるために，市街地で巡検を行う。ここでのねらいは，自らの意見を他の意見と対比させ，様々な意見対立があるということを実感することにある。その際KJ法を用いたブレインストーミングを生徒間で実施するが，1学期中の講義内容や旅行中に見学したホテル，そして自らが立てたプランを基に巡った京都の印象など，これまで得てきたさまざまな知識や考察内容が交錯し，大変活発な議論となる。もちろんこの議論に結論は出ないのだが，地域の課題について意見を交わす経験をもつこと

写真6-4 文化祭での展示の様子

は，生徒がこれからの社会を担う市民として，その市民性を養うために必要なことであると考えている（写真6-5，6-6）。

④レポートの作成

　レポート作成は本講座の中心ともいえる学習活動であり，4月当初から取り組み始めて，11月末に完成するようにスケジュールを組んでいる。本講座は毎年30人弱の生徒が受講しており，レポート指導を行うにはかなり人数が多く，工夫が必要である。

　ほとんどの生徒にとって，観光学という学術分野に接するのはこの授業が初めてとなる。そこで授業に対する感想や疑問，レポートに関する話題を盛り込んだ「法女観光新聞」を毎週発行している。これはまず教員からの話題提供や課題の提示を行う紙面から始まり，さらに受講生と一人あたりB6サイズの紙面が続く。生徒は毎回教員が提示する題に基づき，紙面を作成していく。題は「自己紹介」に始まり，しばらくは授業の感想や，7月の研究旅行に関連したものが続く。やがて夏休み前には紙面にて「レポートの仮テー

第6章　高等学校における観光教育の実践と教材開発

写真6-5　京都，東山の重要伝統的建造物群保存地区周辺を散策する

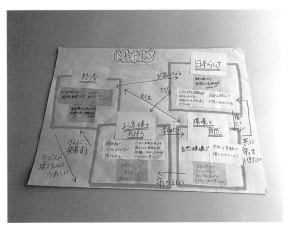

写真6-6　生徒たちによる京都のホテル建設を巡るブレインストーミング

マ」を発表し，2学期には「レポートの章立て」「現在の進捗状況」「レポートのテーマ最終決定」と続き，最終講義の際には「レポートの概要と感想」を報告して，新聞発行を終える。新聞発行のねらいは，レポート製作に向けたスケジュール管理とレポート作成手法の解説，そして他の生徒との情報交換である。約1年かけて製作するレポートを自分のなかだけにとどめるので

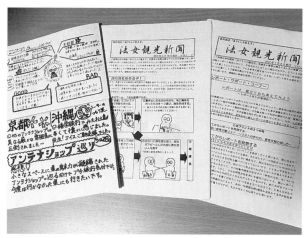

写真 6-7 法女観光新聞は，教員が作成する紙面と，生徒が参画して作成する紙面で構成される

はなく，書き手の調査対象に対する関心や多様なテーマ設定を，紙面を通じて生徒間で共有し，お互いに刺激しあうことが効果的であると考えている（写真 6-7）。

　レポートに関してアドバイスを行う際は，仮説と章立てを記入した用紙を作成させ，それを基に調査方法について生徒と意見交換を行うようにしている。レポートの構成にはさまざまな形態が考えられるが，まず仮説を立て，その仮説を検証するための章の設定と調査方法を検討し，調査の結果をもとに章立ての再構成を行うという仮説検証型が，複数の生徒に対し同時に指導を行う上でもっとも進めやすいと感じている。

　レポートのテーマ設定は，観光に関連することであれば何でも自由にしている。このことは生徒が調査対象に関心をもち，レポート作成への高いモチベーションを保つために必要なことであるが，できれば生徒にとってなるべく身近であり，生徒が検証可能なテーマが望ましいと感じている。たとえばテーマパークをテーマにした場合，その資料は運営企業が限定的に公表するものが多くを占め，レポート制作者が自ら収集した資料を基に独自の意見を

述べていくことが難しい。生徒の地元の観光政策や，生徒の個人的な趣味を観光のテーマに結びつけたもののほうが，自由な発想で多角的な資料にあたることができ，ときにはアンケートやインタビューなどを活用した積極的な資料収集をすることが可能であるため，過去の事例などを紹介しながらテーマ設定についてアドバイスしている。

・横浜開港博 Y150の取り組み
・スポーツ文化と観光戦略　Jリーグの活動
・温泉ブームはどこに行くのか？
・観光学を通して考えた桜新町商店街
・ロケ地と観光の関わりについて
・ゆるキャラと観光
・初音ミクの経済効果
・美術館と芸術による地域活性化
・理想的なおもてなしとは？
・神楽坂の観光
・聖地巡礼で町おこしを成功させるには
・都市観光地としてのみなとみらい21地区

図6-4　レポートのテーマ例

3　大学での学びにつなげるための観光教育

(1) レポート作成指導を通して確認した観光教育の可能性

「旅する人の観光学」の実践を重ねていくなかで，観光と教育のなかに取り入れていく効果を最も実感したのは，レポート指導においてである。生徒の探求心を育成するために，生徒に課題を設定させレポート作成の指導を行うことは，多くの学校で総合学習や社会科教育などの時間において行われている。本校においてもさまざまな機会においてレポート作成を求めることがあるが，ときには面倒な作業と受け止める生徒もおり，教員は指導計画に苦心する。この問題に対し，観光教育は大きな可能性をもっていると考えている。

たとえばある生徒に対し，その生徒が以前から大好きで頻繁に出かける地元の動物園を，観光学の観点で考えてみようと問題提起をしてみたとする。生徒は興味があるものの，そこにどのような課題があるのか実感がわかない様子だが，生徒がまず立ててみた章立てと仮説を基に意見交換をしていくと，企業や自治体の施設経営のあり方，地域に及ぼす経済効果，余暇活動と福祉

の関係など，生徒がもつ動物園を楽しんだ経験から現代社会におけるさまざまな課題を発見することができる。さらに文献の探し方，調査協力者へのアポの取り方，アンケートやデータの整理などをアドバイスし，「章立てを基にレポートの設計図を描き必要な調査内容を検討する」「多様な文献に当たり，対立する意見も比較検討しながら，自分の意見をまとめること」など，レポート作成に必要な手続きを踏んでいくことを指導していくことで，生徒は着実にレポートが完成していくことを体感する。

本講座ではレポートの分量はレポート用紙15枚（原稿用紙では40枚を目安とする）以上を目安とするよう指示している。レポート作成経験の少ない生徒はとてもこんな分量を書くことはできないと尻込みするが，自らが課題を発見し，必要な手続きを踏んでいけば，意外とスムーズに完成させることができることを生徒は実感し，多くの生徒が規定を大幅に上回る枚数のレポートを提出している。調査対象に対する強い関心をもち，自ら調べたことをまとめていく経験を高等学校における学習のなかで得ることは，今後の生徒の探求活動を支える貴重な経験となるだろう。

楽しみのための旅行である観光は，誰かから提案されたわけではない生徒の自発的な行動である。その行動を生徒の現代社会に対する関心に結びつけ，自らの意見をまとめる技術の獲得につなげていく。ここに観光を教育の素材として活用する，すなわち観光教育の可能性がある。このような観光教育の可能性を授業を通して検証することも，「旅する人の観光学」の実践を重ねてきた動機となっている。

（2）受講者の進路選択

本講座を受講した経験が生徒の進路選択にどのような影響を与えるだろうか。もちろん実際に進路を決定していく際には，本講座の経験だけでなく，本講座受講前から抱いていた進路希望，通学距離や経済状況などさまざまな要因がある。しかし過去には「旅する人の観光学」をきっかけに，レポート

作成の中で関連する学術分野に関心をもち進路を選択した生徒や，観光学に強い関心を持ち学び続けることを希望する生徒が一定数いた。

あくまで筆者が生徒と話をするなかで把握した範囲のことであるが，本講座で学んだ内容をふまえて進路選択をする場合，法政大学へ進む場合は，経営学部や社会学部に関心をもつ生徒が多いようである。時々遊びに来る卒業生から聞く話では，大学では企業経営やマーケティング，公共福祉などを専攻したり，観光学関連のゼミに所属する，文学作品のなかから旅を求める人間心理を分析する卒論に取り組むなど，さまざまな方向にその関心を広げていったようだ。

また多くの生徒が進学する法政大学は現在のところ観光を専門とする学部学科がないため，他大学の観光学部への進学を希望する生徒が毎年一定数いる。なかには研究室訪問を行い，大学で観光学を専攻する場合はどのような研究テーマが考えられるのか，大学卒業後の進路などについて積極的に質問を行い，進学先を決定していった生徒もいた。

4　高等学校普通科における観光教育の今後の展開

「旅する人の観光学」はのべ11年間実施され，卒業生を送り出してきた。大学付属校であり，かつ多様な進路選択を希望する生徒が多い普通科の高等学校において，生徒の探求心を育てて将来の学びにつなげることを目標とした教育を行うという点で，一定の成果をあげることができたと考えている。また高等学校普通科における観光教育の方法論を検討するための実践例としても，多くの視座を提供できたのではないかと考えている。

一方で，現在の枠組みのなかでさらなる展開を行うことの難しさを感じている。大学付属校では3年間の学校生活全体が大学進学に関わるため，3年生の週2時間の選択授業である本講座でさらに学習活動を増やしていくことは，負担増と受け止める生徒もいる。もっとも1つの選択授業にあまり多く

の時間を割くことができない事情は，大学付属校でなくとも同様であろう。選択授業は授業計画において担当教員の裁量にある程度委ねられることが多く，とくに本校の特別講座は，本校の先輩方が宿泊行事や外部講師の招待など多様な講座を展開してきた実績があり，その取組みを土台にさまざまな授業内容を展開することができた。しかし選択授業という枠組みで進めるゆえの限界もあり，新たな展開を模索する必要があると考えている。

　今後の高等学校普通科における観光教育の展開を考えるにあたり，まず社会科教育の一環として観光教育の普及を図る必要があると考える。2009（平成21）年3月告示の高等学校学習指導要領の「地理A」では，「地球儀や地図からとらえる現代世界」について，その内容を取り扱う際に「国家間の結び付きについては，世界の国家群，貿易，交通・通信，観光の現状と動向に関する諸事情を様々な主題図などを基にとらえさせ，地理情報の活用が身につくよう工夫すること」とあり，観光を国家間の結びつきを考える上での要素としてあげている。世界中で観光産業が拡大している現状において，地理分野あるいは現代社会や政治経済など公民分野における学習内容としても，観光は注目される。また社会科教育の目標の1つとして，生徒の社会への関心を高め，社会に積極的に参画する市民性を育てることがあると考える。その観点においても社会科教育において観光を教育素材として積極的に活用し，現代社会に対する探求心を育てていくことが必要である。

　また選択授業ではなく学校全体で観光教育に取り組んでいる普通科の高等学校の実践例として，文部科学省が指定するスーパーグローバルハイスクール（以後SGH）における各校の取り組みにも注目していきたい。平成26年度より指定が始まったSGHでは多くの高等学校が研究開発構想にて観光を取り入れており，筑波大学附属学校事務局が開設するSGHのホームページ上（スーパーグローバルハイスクール http://www.sghc.jp/　2015年10月9日閲覧）では，取組み内容の検索項目に「観光」があり，17校がこれに該当した。観光は国際社会における人々の交流と相互理解の促進につながることは広く

認識されており,国際連合は1967（昭和42）年を「国際観光年」に指定し,「観光は平和へのパスポート」というスローガンを掲げた。SGH校の多くが観光の要素を取り組み内容に採用しているのは,グローバル社会に対応する人材を育てるというSGHの目標と,観光がもつ人々の交流を促進する力,そしてその観光の力を活用する観光教育のねらいが合致するからであろう。SGHはまだ始まったばかりであり,5年の指定期間を完結した高等学校はない。今後の活動を追い続けて情報を収集し,観光教育の視座としていく必要があると考えている。

参考文献
岡本伸之編（2001）:『観光学入門―ポスト・マスツーリズム時代の観光学―』有斐閣, pp. 2～26.
宍戸学（2009）: 高等学校の総合的な学習の時間における観光教育のカリキュラム研究『平成18年度～平成20年度　科学研究費補助金（基盤研究(C)）研究成果報告書』pp. 35～53, pp. 65～86.
高嶋竜平（2013）: 大学教育への動機付けを目的とした高等学校選択授業のあり方について―法政大学女子高等学校「旅する人の観光学」教育実践報告―.『日本観光ホスピタリティ教育学会全国大会　研究発表論文集 No. 12』pp. 15～20.

（高嶋竜平）

■□ コラム6 □■

旅行商品の生まれ方

　旅行会社は旅行商品，いわゆる「パッケージ・ツアー」を販売している。ここでは，特定の目的地までの移動と宿泊の組み合わせとなる「スケルトン・ツアー」ではなく，いくつかの都市を周遊するタイプのツアーがどのように作られていくのかを述べていく。

　第1に，ツアーの目玉，旅行のコンセプトの決定である。多くの旅行者から支持されている定番はもちろん，話題となっているもの，各国の政府観光局が売り込んできている素材，自社で発掘した魅力的な要素など，さまざまな観点から目玉を決めることができる。ただし，極端に狭いテーマ（たとえば，映画のロケ地巡りなど）を設定すると，幅広い客層への販売可能性が低くなるのでさじ加減を考える必要がある。

　第2に，訪問都市の決定である。たとえばヨーロッパの場合，パリとバルセロナという2つの人気都市を組み合わせることがある。その際に，各訪問都市の魅力として訴求可能な素材を検討することも忘れてはならない（パリであればエッフェル塔，シャンゼリゼ，ルーブル美術館など）。その上で，顧客を引きつける目玉として，パリを拠点に訪問できる「モン・サン・ミッシェル」や「ディズニーランド・パリ」を組み込んだりすることもできる。また，利用する航空会社によっては乗り継ぎ地での滞在を付け加える選択もある。例えば，エミレーツ航空を利用するヨーロッパのツアーであれば，乗り継ぎが行われるドバイでの1泊滞在を組み込むことができよう。なお，日本からの移動距離・時間が長い地域へのツアーほど日数が長く，多くの都市をめぐる傾向がある。

　第3に，ツアーとしてどの程度の旅行参加者の自由行動時間を確保するのかの決定である。パリのような公共交通機関の発達した大都市では，旅行者の自由行動を主体とする（ただし，オプショナルツアーをいくつか提案する）。一方，多くの参加者が現地での自由行動を求めているからといって，自由行動の割合を高くすることは必ずしも正解ではない。たとえば，ボリビアの「ウユニ塩湖」のように，旅行者が個人での現地到達が困難な場所については，ドライバーやガイドによる案内をつけるなどの手配部分を入れる必要がある。

　第4に，ツアーの行程として実現の可能性の評価を行う。都市間の移動手段と所要時間だけではなく，様々な要素を考慮してツアーの内容が決定される。たとえば，国際線のフライトに搭乗する場合，出発の2時間前にチェックインが締め切られることを考える必要がある。航路によっては特定のシーズンには運休となり，想定通りに移

動できないこともある。ヨーロッパの鉄道については遅延の可能性もあり，スケジュールに余裕を見込むことも必要だ。もちろん，日本人の旅行者の受け入れ可能な場所であるのか，現地の治安は大丈夫なのかの確認も欠かせない。さらに，政情不安によりツアーの催行中止も起こり得る。安全かつ確実な催行が可能であるのかのチェックは重要である。

　第5に販売価格の決定である。原価を積み上げていくとどうしても消費者の値頃感から乖離してしまうことになりかねない。消費者が買ってくれると想定される価格帯を念頭に置きつつ，交通機関や宿泊施設等の仕入れ価格，旅行会社が確保する粗利益，競合他社の状況を考慮して，販売価格の決定を行う。売価を踏まえてツアー内容の修正が行われることもある。

　こうして組み立てられた旅行の日程をパンフレットに落とし込む作業が次に発生する。ここで注意するべきことは，旅行商品のパンフレットは，多くの場合，決まったフォーマットに従って複数のツアーを並べて紹介することである。1つのツアーを多数の写真や言葉で複数のページを使って紹介することは極めて少ない。限られたスペースのなかで企画のコンセプトや訴求ポイントを的確に伝える技術，購入者に誤解を生まない説明をする技術が必要となる。

　完成した旅行商品はパンフレットやウェブサイト等を通して告知され，一般の消費者に向けて販売される。掲載された商品のなかには多くの集客をできるものもあれば，全く集客できないものもあるといわれている。企画者が売りたいと考えているものであっても，よい企画と認識しているものであっても，消費者からの支持を集めるのは容易なことではない。販売不振の企画については次回以降の販売が見送られることになる。逆に集客できた企画は次回も引き続き販売され，定番となっていく可能性がある。ただし，大ヒットしたことが広く知れ渡ると，他社が類似した商品を次回以降投入してくることも考えられる。

　ところで，学校教育の現場において，学生や生徒が旅行プランの企画を行うと，現実離れした空想になってしまうことが大学レベルにおいても多々発生する。とくに実際に現地を見ていない場合，旅行経験が少ない場合は往々にしてこの状況に陥ってしまう。そのため，企業等が主催するコンペに企画を持ち込んでも厳しい評価を受けてしまうことが多い。受講する学生・生徒に旅行商品の企画に挑戦させるのであれば，価格設定に関しては難しいかもしれないが，彼・彼女ならではのユニークな視点を生かしつつ，少なくとも上記の1～4のポイントを押さえた上で取り組む必要があると考える。

（中村　哲）

第7章

小中高校で推進する観光教育の道具箱

地図旅の偉人，伊能忠敬の銅像（江東区・富岡八幡宮）

1　旅するココロを養う地図帳活用術

　観光は移動を伴う非日常への旅であるため，地図なしでは語れない。旅する人も来訪者も地図を必ず携えている。地図は最適な移動ルートを割り出すだけでなく，地図の向こう側に風景が想像できる点に醍醐味がある。単に点（集落）・線（鉄道や道路）・面（土地利用）と地名が標高ごとに色づけられた紙面ではなく，そこには土地という地理的歴史的な空間が境界線や経緯線というある種の秩序で世界を覆っている。ここでは，小学4年生以上なら誰でも高校に至るまで学校から配布される地図帳をもとに観光教育の主教材・教具としての地図帳活用術を述べてみたい。

（1）指旅行

　「人差し指で地図帳に載っているパリを指してごらん。貴方の指はこれから乗車する高速鉄道のTGVです。マルセイユまでの数時間の旅に出かけましょう。どんな風景が車窓からみえますか？地図帳をよくみて想像しましょう。」と指を分身化して地図を判読させる方法を，指旅行という。児童生徒の目は指先に注視でき，結果として地図を丁寧に読取る習慣が身につくようになる。鉄道のほか航路や航空路，高速道路など，いろいろな交通手段をイメージさせつつ，ルートに沿って判読させると旅ココロが刺激される。

　中学社会科地図帳の「アジア州」を開けば，東京⇨ロンドン間の飛行ルートが青い線で記されている。東京⇨ロンドンは12時間25分，その逆は11時間30分と印字があり，偏西風の影響も示唆されている。地図帳の使い方を解説するページには，「国土地理院の地形図を読みとろう」と題し，函館市の2万5千分の1縮尺の地形図が掲載されている。そこには，函館駅から函館山までのコースが赤い線で記入され，第4ポイントでは，「函館山から基坂の近くに来た。観光客が多いが何を目的にきたのだろう。建物の文字か

ら読みとってみよう。」と課題が示されている。資料図には,「日本の地形と守りたい自然環境」の主題図が示され,「日本の地形と世界自然遺産」「日本の国立公園とジオパーク」が列島の地図で写真とともに表現されている。まさに，地図帳は観光場面を想定して読みとることが推賞されている。指旅行でそれらの図面を旅する学習が楽しさを増すことだろう。

（2）気候の統計

　小中高校の地図帳には必ず主な都市の月平均気温と月降水量の統計（理科年表からの出典）が表で載っている。赤文字は最高を青文字は最低を示す数字と付記されているので,「日本の商社マンがこれから日系企業が多く進出しているタイのバンコクに出張します。どんな，服を用意していったらいいでしょう？」と切り出せば,「4月なのにバンコクは30.9℃もある。ネクタイなし，半袖シャツでいいんじゃない？」と商社マンの立場で考えることができるだろう。国内では北海道の主な都市の6月の降水量が数十ミリと少なく,「カラッとしていて爽やかな旅行ができそうだね。」とおススメ観光シーズンを割り出せる。これまで，気候の統計は農業生産（米や高原野菜，果実）を考える際に照らし合わせるだけであったが，観光場面（観光に適した気候を選択する）を採用すれば児童生徒の興味関心を引き付けることに成功するだろう。

（3）おもな伝統的工芸品・特産物

　都道府県別の統計も表組みで地図帳の末尾近くの頁に載っているが，そのなかで右端の欄にあるのがこれである。「さくらんぼ，会津ぬり，岩槻人形，加賀友禅，かんてん，丹後ちりめん」など各地の工芸品や特産物が列記されている。各地方図のなかにも絵記号が印字されているので，観光土産として何を買って帰ろうかと切り出せば興味を持ってくれるはずである。これからの観光土産は全国一律の「〇〇に行ってきました！」（クッキー）の類いでな

く，その土地固有のどこにもない品にこそ価値を置く旅が推奨されよう。社会科・観光授業を通してお土産購入のセンスを磨かせたい。

(4) 国旗

世界地図や各州ごとの地図には，国旗が必ず掲載されている。赤や黄色，水色や緑，シンボライズされたマークやデザインにその国の自然や民族色，政治的なニュアンスが盛り込まれている。国旗だけでも観光資源ではあるが，巻末の国別統計や地図に引かれたその国の国境線，世界の地形や気候

写真7-1　ツーリズムEXPO会場でみられたメキシコブース

図と関連づければ，「海外旅行の土産の定番であるチョコレートの原料，カカオの主産地ガーナを調べてみよう。」「国旗の色やデザインは何を示しているか想像してみよう。」とアフリカ州の地図と照合させつつ推理させるのも面白い。「ヨーロッパの国々の国旗は赤や白，青や水色が目立つけど，アフリカの国々は緑や黄色，黒，赤が目立つようだ」と自然や民族文化の相違を推察できるきっかけが得られる。毎年東京で開催されるジャパン・ツーリズムEXPOに出店する国々のキーカラーを展示会場で写した写真や収集したパンフレットを副教材として用いれば，国旗の学習からその国や州のイメージを上手に形成できるだろう（写真7-1）。

(5) 旅行記・滞在記

ジュール・ヴェルヌ著『八十日間世界一周』やイザベラバード『日本奥地紀行』を持ち出すまでもなく，著名な旅行記・滞在記は地図帳を伴にしながら読み進めれば格別な味わいがもたらされる。咸臨丸で渡米した福沢諭吉の

写真7-2　地図帳を活用し旅程を考え合う子どもたち

自伝『福翁自伝』や地理学者志賀重昂著の『南洋時事』など有名人の書いた旅行記だけでなく，一般人が書いた『住んでみた〇〇国』や写真家による『世界の絶景写真集』なども教材になる。要は，移動しながら旅の記録を客観的なタッチで描いた作品なら，社会科・観光授業に役立つ。地図帳片手に描かれた地点を同定する作業がやや手間がかかるものの，登場人物の目になった気分で世界や日本を旅できる。地図帳には著名な州や国の俯瞰景がイラスト（絵図）として載っているのでその地域を旅した旅行記があれば，リアリティが増す。

（6）旅　程

　何といっても旅程作成こそ，観光教育ならではの作業となる。ツアー申込後に旅行代理店からもらう旅程表と同じ書式でワークシートを用意する。1日目，2日目と出発地と帰着地（宿泊先）を明確化し，途中の移動手段やランチも書き込めば立派な旅程ができあがる。地図帳を活用させて「2泊3日の県内社会科の旅プランを立てよう（写真7-2）。」（小4），「近畿歴史旅ツアーの旅程」（中2），「アレキサンダー大王が築いた帝国跡を巡るツアー」（高校世界史）などといったテーマ性に富んだ旅程を作成させてはいかがだろうか。

　多摩大学学長の寺島実郎氏が著した『新・観光立国論』（NHK出版，2015年）の中で「移動は人間を賢くする」という思想が述べられている。「地方から都会に出てきて，刺激を埋めて，再び故郷に戻るというのは，人間を格段に賢くする。世界を旅してくると，自分が生まれ育った国である日本に対

して，考えを新たにする。異なる自然に触れて季節の変化を感じ取る力を身につけ，自分が出会った人の心や言葉から受けとったメッセージに対して考えを巡らせてみる。自分たちがいかに恵まれてきたかに気づき，また，自分の知らないことが世界にはたくさんあることに気づく。そうした気づきのなかから人間は賢くなっていく。」（同書，p.31）卓見である。

参考文献
村山茂（2009）：『可愛い子には鉄道の旅を』交通新聞社，p.229.
帝国書院編集部（2012）：『旅に出たくなる地図日本』帝国書院，p.240.

（寺本　潔）

2　旅行商品パンフレットの教材活用術

（1）旅行商品パンフレットの特徴

　旅行業法によると，旅行業界においてパンフレットと呼ばれているものは，一般の消費者を誘引する「広告」，旅行者が提供を受けることのできるサービスや支払うべき対価等を説明する「説明書面」，さらに「契約書面」の一部としての機能をもっている。

　旅行商品はいくつかの種類にわけられるが，その1つに募集型企画旅行（いわゆるパッケージ・ツアー）がある。これは，旅行業者が，旅行者の募集のためにあらかじめ，旅行の目的地及び日程，旅行者が提供を受けることができる運送または宿泊のサービスの内容，並びに旅行者が旅行業者に支払うべき旅行代金の額を定めた旅行に関する計画を作成し，これにより実施する旅行のことをいう。このパンフレットをみていくと，1つの冊子の中に数十にわたる旅行プランが掲載されている。これらの旅行プランは，タイトル，コース（出発地・帰着地，日数，宿泊地，運送機関ほか），価格，訪問地のイメージ写真などの情報が，各社で決められた定型のフォーマットにしたがって紹

介されている。旅行プランの各プランの紹介に割かれるスペースは限られており，旅行のコースなどが地図で表現されていることは限られているのが実情である。なお，パンフレット上の表示については，旅行業公正取引協議会が定め，公正取引員会・消費者庁が認定した「募集型企画旅行の表示に関する公正競争規約」に定められたルールに従った対応がなされている。

（2）教材としての具体的な活用術

中学校社会（地理）ならびに高校地理歴史に関する学習指導要領をみていくと，「地理的技能の育成」が指摘されており，教科書用図書『地図』（地図帳）を十分に活用する方針が示されている。その具体策として，中学校社会（地理）では，特に地理情報として提供されたものではない情報を地理情報として活用するための加工や処理の視点や方法，地理情報を用いて地域的特色を説明・紹介する技能をする取組みが求められている。このほか，高校地理歴史（地理A）では，時差の仕組みや計算に慣れ親しませることも指摘されている。旅行商品のパンフレットは，必ずしも地理情報ではないが，これを活用して生徒の「地理的技能の向上」につながる教材活用例を2つ提示する。

例1：ツアーの行程を地図に落とし込む

学習の目的は，海外旅行商品パンフレットに掲載されているツアーの行程を地図に落とし込むことで地理的な感覚を養うとともに知識を高めることである。用意するものは①地図帳，②旅行先全体が含まれる白地図，③複数都市を訪問するツアーが掲載されている海外旅行のパンフレットである。本章では表7-1の教材用旅行プランを使用して検討を行う。このツアーは，イタリア・フランス・スペインの3カ国にある6都市を12日間でめぐるものである。ここでは，オプショナルツアーにある2都市に追加で訪問するようにアレンジした行程を地図に落とし込んでいく。進め方は以下のとおりである。

第7章　小中高校で推進する観光教育の道具箱

表7-1　教材用旅行プラン（その1）[3]

	ヨーロッパ人気3カ国6都市を巡る旅　イタリア・フランス・スペイン周遊12日間		
	スケジュール（12日間）（☆入場観光，◎下車観光，○車窓観光）		
1	（朝〜午後）日本各地発，✈ 直行または乗り継ぎでローマ （夕方〜夜）着後，送迎車でホテルへ	イタリア	（ローマ泊）
2	（終日）自由行動		（ローマ泊）
3	各自で駅へ　列車（ESスター2等）にてフィレンツェへ（約1時間半） 着後，各自でホテルへ		（フィレンツェ泊）
4	各自で駅へ　列車（ESスター2等）にてベネチアへ（約2時間） 着後，各自でホテルへ		（ベネチア泊）
5	各自で空港へ　ベネチア発，✈ 直行又は乗り継いでパリへ 着後，各自でホテルへ	フランス	（パリ泊）
6	（終日）自由行動 【おすすめオプショナルツアー】モンサンミッシェル観光		（パリ泊）
7	各自で空港へ　パリ発，✈ 直行又は乗り継いでマドリードへ 着後，各自でホテルへ	スペイン	（マドリード泊）
8	（終日）自由行動 【おすすめオプショナルツアー】トレド半日観光		（マドリード泊）
9	各自で駅へ　列車（AVE2等）にて，バルセロナへ（約3時間） 着後，各自でホテルへ		（バルセロナ泊）
10	（終日）自由行動 【おすすめオプショナルツアー】サグラダファミリア入場＆エレベーターチケット付きプラン		（バルセロナ泊）
11	各自で空港へ （早朝〜夜）バルセロナ発，✈ 乗り継いで		（機中泊）
12	（朝〜夜）日本各地着		

（出所）株式会社エス・ティー・ワールドによる2015年11月から2016年3月出発の卒業旅行商品パンフレット『学生旅行FAN』のp.16に掲載されているツアーを基に著者作成。

　第1に，旅行プラン上にある，来訪国名，宿泊滞在都市，立寄都市を把握したうえで，地図帳をみてその位置を確認する。地図帳に掲載されていない場合は，インターネット上の地図を援用する。第2に，宿泊滞在都市，立寄都市を用意した白地図に★印で記入していく。この際，各国の首都（ローマ，パリ，マドリード）は濃い色，首都以外の宿泊滞在都市（フィレンツェ，ベネチア，バルセロナ）は薄い色，立寄都市（モンサンミッシェル，トレド）は白色で

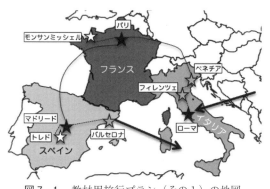

図7-1　教材用旅行プラン（その1）の地図

塗って区別する。第3に移動経路を線で繋いでいく。日本との空路は太い実線，現地での空路の移動は細い実線，現地での陸路での移動を点線で表示するようにする。この段階までの作業結果を図7-1に示す。

　この作業を通して生徒は，滞在する国と首都，日本人が旅行で来訪する主要な都市の名称と位置を確認したうえで，行程表に記載された文字の情報を地図帳を駆使しながら自力で白地図に書き込み，独自の地図を作成することにより，実践的に地理的な技能を高めることを期待できる。

　以上の基本作業を踏まえた応用的な展開として，滞在都市・立寄都市の特徴となる写真をWebサイトから収集し，適度な大きさに印刷し，これを地図上に貼っていくことも可能である。このことにより，各地の特徴やランドマークとなる要素を直感的に把握し，比較することができる。さらに，さまざまな副教材やWebサイトを併用して，ツアーで訪問する場所の生活の実態，歴史的な背景にまで踏み込んだ学習することも想定される。

例2：時差を踏まえてフライト時間を計算する

　旅行プランを活用して「時差」を実践的に把握することを学習の目的とする。用意するものは，①経度の表示された地図帳，②往復のフライトが確定している旅行プランである。本章では，表7-2の教材用旅行プランを使用して検討を行う。このツアーでは，往路では成田空港を14：10に出発し，同日の19：00にはローマに到着することになっている。生徒には，本来の飛行時間はどの程度なのかを考えてもらうことになる。学習順序は次のとおりである。

第7章 小中高校で推進する観光教育の道具箱

表7-2 教材用旅行プラン（その2）[(4)]

成田発着　ダ・ヴィンチの傑作「最後の晩餐」鑑賞付!!　新 ゆったりイタリア8日	
行程	コース内容　（◎入場観光, ○下車観光, △車窓観光）
1　14:10　成田空港発→ 　　19:00　ローマ着	■空路，アリタリア・イタリア航空の直行便で，ローマへ。 ■お泊まりは，市内中心部に位置するホテルに2連泊です。 　　　　　　　　　　　　　　　　　　　　（ローマ泊）
2　ローマ滞在	■終日，フリータイムです。　　　　　　　　（ローマ泊）
3　08:00　ローマ観光	■午前，世界遺産充実のローマ観光。古代ローマの円形闘技場○コロッセオや○トレビの泉，バチカン市国の◎サンピエトロ寺院などをめぐります。さらに◎バチカン美術館では，ミケランジェロの壁画「最後の審判」で有名なシスティーナ礼拝堂にご案内します。
（途中省略）	
7	■午前，充実のミラノ市内観光。◎ドゥオモ，○ビットリオ・エマヌエーレⅡ世アーケード，○スカラ座などをめぐります。さらに，このコースでは，◎サンタ・マリア・デレ・グラツィエ教会にて，レオナルド・ダ・ヴィンチの最高傑作世界遺産「最後の晩餐」を鑑賞します。 ■空路，アリタリア・イタリア航空の直行便で帰国の途へ。 　　　　　　　　　　　　　　　　　　　　（機中泊）
14:45　ミラノ発→	
8　10:50　成田空港着	

（出所）株式会社日本旅行東日本海外旅行商品部による2015年10月から2016年4月出発の商品パンフレット『心豊かな旅．ビジネスクラス プレミアムエコノミーでいくヨーロッパ　イタリア・スペイン・フランス・ドイツ』のp.14に掲載されているツアーを基に筆者作成。

　第1に，地図帳を用いて，日本と訪問地であるローマの経度を把握し，時差がどの程度あるのかを計算する。日本標準時は東経135度である。ローマ周辺は東経12度28分であるが，便宜的に東経15度（＝ヨーロッパ標準時の子午線）として捉える。ここで，日本とイタリアの経度の差は120度，これを1時間の時差に相当する15度で割ることで，8時間の時差があると求められる。その上で，日本とイタリア，どちらが時間の進みが早いのかを確認する。

　第2に，旅行プラン記載の情報をもとに，飛行時間を計算する。**表7-2**のプランの場合，往路は成田14:10発，ローマ19:00着と示されている。

先に計算したように，日本とイタリアの時差は8時間である（今回は夏時間を考えないことにする）。成田出発時のローマ現地時刻は同日の6：10となる。したがって，飛行時間は12時間50分と求めることができる。一方，復路は，ミラノ発14：45，成田着は翌日の10：50となる。この場合，ミラノ出発時における成田の現地時刻は同日の22：45となる。ゆえに，飛行時間は12時間5分と求められる。計算をした後に，航空会社のWebサイト上にある時刻表を教室に示して正解の確認をすることにより，生徒が時差について現実のこととして実感することを期待できる。

（3）応用可能性

　授業実施時には，教室の生徒を複数のグループにわけて，それぞれ別個のツアーを対象に作業を行った上で，相互に発表し合うことにより，地理的知識と技能を効率的に高めることを期待できる。また，本稿で提示した教材活用は，海外への修学旅行や研修の事前学習の一環として実施することが可能である。

参考文献

文部科学省（2014）：中学校学習指導要領解説　社会編　平成20年7月（平成26年1月一部改訂），2014年10月1日，文部科学省，pp. 75-79，
　〈http://www.mext.go.jp/component/a_menu/education/micro_detail/__icsFiles/afieldfile/2014/10/01/1234912_003.pdf〉2015年8月21日閲覧。

文部科学省（2014）：高等学校学習指導要領解説　地理歴史編　平成21年12月（平成26年1月一部改訂），2014年10月1日，文部科学省，pp. 83-85，
　〈http://www.mext.go.jp/component/a_menu/education/micro_detail/__icsFiles/afieldfile/2014/10/01/1282000_3.pdf〉2015年8月21日閲覧。

旅行業公正取引委員会（2014）：募集型企画旅行の表示に関する公正競争規約，旅行業公正取引協議会，2014年6月12日，〈http://www.kotorikyo.org/representationrule/kiyaku_200910.pdf〉，2015年10月10日閲覧。

（中村　哲）

3　旅程作成支援の方法

　旅程作成が授業で行われる場合，以下の2つの目的が考えられる。1つにはいわゆる旅行実務関係の授業の一環として行われる場合であり，内容としては主に旅行商品として造成する前提に立って，ターゲットや商品価値，コスト面などを考慮しながら旅程を検討する。すなわち旅行商品造成のスキルを学ぶ目的のために行われる場合である。もう1つは，ある地域の地域資源や魅力を調べるためのワークにおけるツールとして使用される場合である。この場合は，自分が旅行に行くという前提に立ってワークが行われ，旅程というツールを使ってその地域への理解を深めることが目的とされる。主に地元学などの学びにおいて使用される場合が多いと考えられる。

　このように一口に旅程作成といってもその目的によって違いがあると考えられるが，本節では，いずれの場合においても共通して必要となるツールについて述べ，その後に旅程作成上での注意点を指摘する。

（1）旅程作成のためのツール

　授業時間内で効果的に，かつ効率的にワークを進めるツールとして，以下の4点がある。以下，個別にその使用上の注意点も含めて説明を記す。

①行程表

　行程表には，一般的には，横型（図7-2）と，縦型（図7-3）の2種類がある。このうち横型は旅程全体の流れやテーマが俯瞰できるところに特徴があり，通常国内旅行ではこの形式が用いられる。一方縦型は，時間の正確な記載や1カ所での細かい動きや内容を記すことに適しており，また全体の記述が何ページに増えても読みやすさが損なわれないという特徴をもっている。そのため通常は，たくさんの説明記載内容が必要な海外旅行や長期日程の国内旅行に用いられる場合が多い。観光系の授業では，その授業目的によって

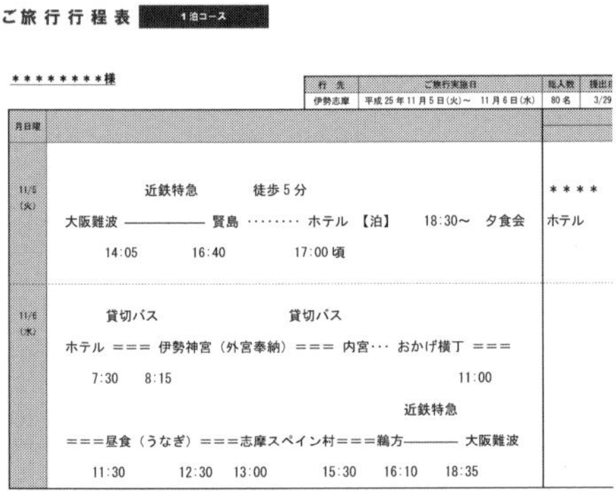

図7－2　行程表の一例（横型）

旅程表

	期日（仮）	発地	発着時間	交通	摘要
1	10／9（金）	京都駅	22:30	JRバス	青春エコドリーム2号
					（車中泊）
2	10/10（土）	新宿駅東口	6:05		到着
		新宿（JR）	6:20	JR山手線	乗り換えのため池袋へ
		池袋（JR）	6:30		到着後、西武線へ
		池袋（西武）	6:50	ちちぶ3号	特急にて秩父へ
		西武秩父	8:12	徒歩	着後、ホテルへ
			10:00	ﾚﾝﾀｻｲｸﾙ又は	市内視察
				徒歩	秩父神社、定林寺など
		西武秩父駅	13:07	秩父市営バス	バスにて吉田地区へ
		龍勢会館	13:48		龍勢会館到着
					周辺地区視察
			17:18	秩父市営バス	龍勢会館出発
		西武秩父駅	18:03		西武秩父駅到着、ホテルへ
			19:30		各自夕食
					***ホテル（泊）
3	10／11（日）	西武秩父駅	8:00	秩父市営バス	吉田地区へ
		龍勢会館	9:00頃		到着後、龍勢祭り会場へ
					龍勢祭り自由調査
		吉田地区	21:00頃	送迎バス	終了後、ホテルへ
		秩父市内	22:00頃		ホテル着
					***ホテル（泊）

図7－3　行程表の一例（縦型）

も異なるが，一般的には旅程全体の流れやテーマをいかに上手く構成するかという点が主眼に置かれる場合が多いと思われる。したがって，とくに国内旅行の行程を作成する場合には，横型の行程表を使用するほうが目的に叶っているといえるだろう。

② JR時刻表

時刻表には地域版の時刻表，コンパス時刻表などいくつかの種類があるが，交通新聞社の発行する『JR時刻表』の使用が効果的である。それは『ＪＲ時刻表』が，JRの時刻・運賃料金等を調べるのに適しているのみならず，航空機・バス・フェリーや私鉄などの地域交通，旅館・ホテルなどについても調べることができるからだ。とくに旅程作成段階の重要点である宿泊地の選定や観光地の選定においては，『JR時刻表』の冒頭にある全国の地図，また末尾にある旅館・ホテルの一覧が大いに参考になるし，後半部の定期観光バスの観光ルートから当地の主な観光地にねらいをつけることも旅程作成の常套手段である。今日の旅行会社の店頭業務においても『JR時刻表』は極めて頻繁に用いられており，その意味でも『JR時刻表』の使用は実践的なトレーニングになるといえる。また『JR時刻表』は毎月発行されるが，授業に使用する分には必ずしも最新号をしなくても問題は無い。さらに可能で

あれば，生徒ひとりにつき1冊を用意すると大きな教育効果が得られるだろう。

③WEBサイト

教室の環境としてパソコンを常設する教室の使用が可能な場合は，WEBサイトの活用も有効である。近年では各地の観光協会が紙媒体よりもホームページに最新情報や詳細な情報を掲載している場合が多く，その意味では旅行先の情報収集としてはまずWEBサイトの閲覧が必要であり，現実に即しているといえる。しかしながらここで問題になるのは，生徒が交通に関して「乗換案内」などのサイトに頼ったり，旅行先や旅行会社のサイトに掲載されるモデルコースをそのまま選択したりする場合があるということである。この問題に対しては，それらのサイトのコピーや閲覧を禁止するという措置が考えられるが，その対応は授業の目的によって異なるだろう。すなわち旅程作成のスキル向上を目的とする場合には，先のような一定の制限を設けることが考えられるが，作成した旅程に沿って旅行先についての知識を深耕することを目的とする場合には，そのような対応は必要ないとする判断もあり得る。

旅行に関するWEBサイトは，今後ますます充実してゆくことが予想される。先に挙げた問題については，今後全国の観光教育に携わる教員間でのケースワークや意見の共有を図ってゆく必要があるだろう。

④ガイドブック，パンフレット

前項に述べたWEBサイトの閲覧に必要な環境が無い場合には，ガイドブックの活用が考えられる。ガイドブックには書籍型のものやムックと呼ばれる刊行物などがあるが，これらは授業に必要な冊数を揃えるには相応の費用が必要であり，また経年すると情報が古くなってしまう。その点，旅行会社の発行するパンフレットなどを利用する方法は有効である。とくにフリープラン型や宿泊企画型のパンフレットは観光地の情報が多数掲載されており，活用には適しているといえるだろう。一例を挙げれば，近畿日本ツーリスト

㈱の発行する「みちしるべ」シリーズは，地域の宿泊機関がその地域ならではの情報を数多く提供しており，訪問地の選定に役立つ資料である。ただこのような旅行会社発行のパンフレットを授業用に入手するためには，その使用目的を旅行会社に正確に伝えた上で協力を得ることが重要である。

(2) 旅程作成上の注意点
①ターゲットの設定，適正な旅行代金

とくに旅行商品造成のスキルを学ぶために旅程を作成する場合には，その旅行がどのターゲットに対する商品であるかを明確にする必要がある。この点があいまいになると，訪問先の選定が的確に行われなくなる場合が出てくるし，引いては成績評価の基準がぐらつきかねない。ターゲットを定め，選定した理由を明確にして，それに見合う旅程を作成できるよう導かなければならない。またターゲットに見合った旅行代金を設定することも非常に重要である。たとえば若年層に，ことさらに高品質・高価格の旅行を設定するのは，相応の理由が無ければ成立しない。この点も旅程作成指導の上で，押さえておくべきポイントのひとつといえるだろう。

②テーマの設定と「ものがたり」の発見

旅程作成においてその旅程に通底するテーマを設定することは非常に重要であり，その認識は多くの指導者にも共有されていると思われる。しかし単にテーマの設定を指示するだけでは，そのテーマに関連する訪問地が単に羅列されているだけという旅程も発生してしまう。そこで重要になるのが，テーマの奥に存在する「ものがたり」の発見である。

たとえば京都市の伏見には，伏見桃山城，坂本龍馬ゆかりの寺田屋，酒造りといった地域資源が存在するが，それらに通底するテーマとして「水」というテーマが考えられる。言い換えれば，これらの地域資源には「水」に関わる「ものがたり」が存在している。生徒たちは，このテーマに沿って地域資源を調べてゆくなかで，どのようにして龍馬が新選組の追手から逃れられ

たのかを知る。秀吉が，京都から大阪への水運をいかに重要視していたかを知る。そして城下町伏見の繁栄が，伏見を酒造りの町へと変貌させていったことを知るのである。

　このように，旅行先の地域にひとつのテーマを定め，それを調べてゆくなかで地域の「ものがたり」を発見してゆくことに，旅程作成教育の大きな意義があるのではないか。そしてそれは，観光教育が単に専門教育に止まらず，社会教育として大きな意義をもっていることを示しているように思うのである。

参考文献
岡本健編（2015）:『コンテンツツーリズム研究―情報社会の観光行動と地域振興―』福村出版.
片山明久（2016）:「コンテンツツーリズムに対する観光学的考察―旅行者による「ものがたり」の創造―」『同志社政策科学研究』20周年記念特集号別刷，pp. 19-26.

（片山明久）

■□ コラム7 □■

社会科学習に観光ガイドブックを

　観光ガイドブックといえば，以前はポケットに入るサイズのものが主流であった。現在，本屋の書棚で一際目立つのはムックと呼ばれる雑誌型で，その代表格は「るるぶ」（JTBパブリッシング）と「まっぷる」（昭文社）である。写真が豊富で手軽に読め，旅先全体の情報を網羅する姿は，まさに"旅行カタログ"だ。その市場に一大旋風を巻き起こしたのが，いわゆる「女子旅」にターゲットを絞った「ことりっぷ」である。小さく持ち歩きに便利で，紙質もデザインも女子の好みやニーズに合わせ，大ヒットした。地域を細分化した地域限定型，旅行目的に合わせたテーマ型，さらに詳細情報をインターネットで見られる情報連携型など，百花繚乱状態である。一般的に日本のガイドブックは，訪問地の説明や関連する事項の記述といった文字情報よりも，写真などの見た目が重視されている。内容もグルメや土産物情報が多く，関連業者と連携し掲載・広告料が絡むものも多い。次に，ガイドブックを地理学習に使う際のヒントを2つ例示する。

●学習への活用は思い切って

　旅行に使用したガイドブックを再び使う割合は低く寿命は短い。またガイドブックに掲載された場所全てを訪問するのは不可能に近く，活用率も低い。思い切って裁断して活用する方法を紹介する。まず各種ガイドブックから記事を切り取って比較する方法である。同じ場所の記述内容や量を比べると，違いだけでなく共通点にも気づく。また，1冊のガイドブックをスクラップにしてガイドブックにない内容を付け加える方法もある。

●地元のことは地元に聞け

　地元限定のガイドブックには，大手出版社の書籍には掲載されてない情報も数多くあり，内容的にも写真より文字情報が多く盛り込まれ，学習向きといえる。また，観光案内所で発行されている無料パンフレットにも注目したい。岩田（2008）の調査では，観光パンフレットは初訪問の観光客のために編集・製作され，とりわけ地図が充実している特徴をもつという。

参考文献
岩田貢（2008）小・中学校社会科教育における観光資料の利用の試み：京都府内の観光パンフレットに関する分析.『龍谷紀要』29(2), pp.81〜95.

（澤　達大）

エピローグ——学校からの観光・地域人材の育成

　デービッド・アトキンソン氏は，著書『新・観光立国論』（東洋経済新報社）のなかで，観光立国となり得る4つの条件として，「気候」「自然」「文化」「食事」を挙げている。日本はすべての条件に恵まれており，海外からの観光客受入れに潜在的な力があるとしている。
　本書では，小中高の学校現場や社会教育の現場での実践例から，観光教育のあり方を検討してきた。目指してきたのは，上記の4条件に合致した地域資源の価値を見出せる人材育成と，そのために必要な深い社会認識の形成のための教育である。
　ところで筆者は，観光・地域人材に必要な力について，「基礎的知識」「人間力」「発想力・独創性」の3つと考えている。

（1）「基礎的知識」
　外国人観光客数の増加とともに，各地で受け入れに関する取組みのニュースが毎月必ず放映されるようになってきた。筆者も京都在住のため，世界各地からの来客者を清水寺や伏見稲荷大社などに招く機会が増えている。ここまで書けば，観光人材に必要な「基礎的知識」とは，各地を案内できる知識をもつこと，それを英語で話すことの重要性と読者は察するかもしれない。確かにそれも重要である一方で，外国人たちから投げかけられた共通する問いから，再認識したことがある。それは日本の「人口・面積」を尋ねてくることである。小学生で学習する社会科の基礎データが，国のようすをイメージするための根本であり，重要性を改めて認識することとなった。
　「真の国際理解にはまず自国文化の理解が必要」とよくいわれる。基礎的

という言葉は，どこまでの範囲が基礎の定義づけも難しいが，インバウンド・アウトバウンドの場面で双方とも，自らの住む地域の理解が基盤となってくる。また，外国人観光客を迎え入れるにあたっては，先方の生活習慣や文化，宗教，さらに自然環境や地理的位置，歴史など，さまざまな知識も必要となってくる。それが会話のネタになり，相手とのコミュニケーションを進展させる第一歩になるからだ。観光を学ぶ人材を育てるのにあたり，観光地のことだけを知るうわべの内容でなく小・中・高時代の社会系教科の基礎知識が重要であることに間違いはない。

（2）「人間力」

経済産業省によれば，我が国のGDPの70％，従業員の75％がサービス産業であり，日本経済の中で大きなウェイトを占めているという。一方で，農業や製造業の世界でも，消費者のニーズを察してさまざまな注文に対応し，顧客満足度を上げる取組みによって，付加価値向上と競争力強化が計られている。そのように考えれば，先ほどの数値以上にサービスを重要視する産業が多く，「全ての産業がサービス産業」と考えられる時代になってきている。なかでも観光業はサービス産業の中のサービス産業であり，各観光関連業者ではホスピタリティの心を育てる社員研修に最大限取り組んでいる。

では，このホスピタリティ育成を，学校ではどのように展開すればよいか。答えは簡単で，特別なことではなく，普段の学校生活をしっかり取り組めば，自然と身につくものである。その基礎は「相手を思いやる気持ち」である。ただし，学校内だけでは同年齢世代の人間と多く接する場面が多く，クラスの児童生徒に思いやりをもつだけでは実社会で通じない。多様な人々と出会うこと，老若男女，人種・民族や文化を超えた交流ができるよう，学校から一歩出て見聞等を広げることが大事である。そのような状況に置かれると臨機応変の柔軟性も必要となってくる。また，思いやりの気持ちをもつことの大切さに気づかせる教師の支援といった役割も重要である。そして身につい

た力は客のニーズをつかむ力となるだろう。

　地域人材の育成の視点でいえば，学校と地域との連携が今後ますます重要視され，児童生徒以上に教師の「人間力」が鍵を握ると考えられる。多くの地域住民との情報交換をすることは教師にとってそれなりの労力が必要である。よりよい教育を目指す地域連携に，教師自らが積極的にコミュニケーションをとり，児童生徒の模範となることが望まれる。

　ところで前述のアトキンソン氏は同著で，日本人の勘ちがいについて苦言を呈している。それは「おもてなし」が日本の強みではあるが，観光に必要な条件にはならないことだ。本来，旅行の目的は，歴史を知り文化に触れ，自然に感動し食を楽しむ…そのためにその地を訪れるものであり，「おもてなし」を目的にした旅行は極めて少ない。観光教育も同様に，ホスピタリティばかりを強調せず地域を学ぶ本質を忘れてはならない。

（3）「発想力・独創性」

　旅行業界は先行きが厳しい業種として知られる。会社等の団体旅行は減少し，インターネットの発達で旅券・宿泊等の手配業務も減少し，旅に求めるニーズも多様化するなかで，従来のやり方では通じなくなってきている。

　一方で，発想の転換によりピンチをチャンスに変えたり，これまでみつけられなかったニーズを掘り起こしたり，業者間の隙間を埋めたりした事例は数多くある。ビジネス客の減少をきっかけに外国人観光客の受け入れで成功した浅草の旅館の事例，雪の降らない国からの観光客を観光資源のない豪雪地帯に招く北海道の過疎地域の事例など，探せばたくさんの成功事例がある。

　学校で育成する「発想力・独創性」。これは現場の先生方が一番得意なところであろう。アイディア豊富な授業やテストをすれば，生徒は自然と身につけるものだ。知恵を絞って豊かな学びが広がることを期待したい。

澤　達大

索 引
（＊は人名）

あ 行

アナザーゴール　63, 65
アンテナショップ　126
＊伊藤博文　75
インタープリター　41
インタープリテーション　41
インバウンド　96
インフォーマル教育　32
お国自慢　22
尾去沢　109

か 行

海外旅行　16
ガイドブック　34-37, 155, 158
ガイドマスター　113
開発と保全　28
＊貝原益軒　81
学習指導要領　13, 148
仮説検証型　132
過疎地　105
価値基準　73
学校設定科目　121
為替レート　16
観光絵本　12
観光開発　31
観光行動論　9
観光産業　22
観光情報　i
観光振興　23, 31
観光地の立地条件　74
観光地巡り　48
観光庁　9
観光農園　50
観光は平和のパスポート　137
観光まちづくり　25, 31, 37
観光立国推進基本計画　17
観光立国推進基本法　17
危機管理　55
キャリア教育　ii
教育旅行　25
近代化産業遺産群　110
国頭ツーリズム協会　33
グリーンツーリズム　102, 103
クロスカリキュラム　30
研修会　32
行程表　153
公民的資質　23
国際連合　137
国内旅行業務取扱管理者　91
国連環境計画（UNEP）　40
コミュニケーション能力　5

さ 行

サステイナブル・ツーリズム　28
産業観光　26
ジオパーク　144
時差　148, 150
次世代育成　ii
持続可能な観光のための教育　39
持続性　71

163

――の証明　*71*
自文化理解　i
社会科教育　*70, 136*
ジャンボ・ジェット機　*16*
修学旅行　*10, 96*
　　――のプランニング　*100*
住民参加　*31*
出国率　*7*
女子旅　*158*
人口減少社会　*45*
人材育成講座　*32-34, 37*
進路選択　*134*
スーパーグローバルハイスクール　*136*
スケルトン・ツアー　*17, 138*
図上旅行　*26*
政府観光局　*138*
世界遺産　*10, 21, 69*
世界遺産「宮島」　*70*
世界遺産教育　*69*
世界自然遺産　*39*
世界地理　*14*
選択授業　*135*
総合的な学習　*9, 98, 121*
相互理解　*136*

た　行

ターゲットの設定　*156*
体験漁業　*50*
＊平清盛　*72*
楽しむための旅行　*134*
旅育　*3*
旅する人の観光学　*122*
旅の認知地図　*4*
地域資源学習　*38*
地誌　*55*
地図帳　*148, 150, 151*

知的好奇心　*13*
地方創生　*46*
着地型観光　*33, 46*
中山間地農業　*106*
調査活動　*77*
地理A　*136*
地理情報　*148*
地理総合　*93*
地理的技能　*148*
ツーリズムEXPO　*145*
テーマの設定　*156*
適正な旅行代金　*156*
動態地誌　*92*
特色ある教育　*121*
都市観光　*118*

な　行

ネットリテラシー　*63*
農山村体験　*103*

は　行

パッケージ・ツアー　*16, 17, 138, 147*
発地　*27*
発地型観光　*33*
パンフレット　*139, 147, 148, 155*
班別自主行動　*118*
フォトグラフ・ツーリズム　*41*
普通科　*122, 123, 135*
ふるさと教育　*110*
ブレインストーミング　*129*
プレゼンテーション　*129*
偏西風　*143*
法政大学女子高等学校　*122*
ホスピタリティ　*4, 115*
ボランティアガイド　*107*

索　引

ボランティアガイド普及促進モデル事業
　　　108

　　　　　　　ま　行

まちづくり　*125, 126*
＊毛利元就　*75*
「ものがたり」の発見　*156*
もみじ饅頭　*75*
問題解決能力　*29*

　　　　　　　や　行

野生生物　*40, 41*
雪だるま財団　*104*

　　　　　　　ら　行

旅行会社　*7, 138*
旅行商品　*138, 139, 148*
旅行体験　*3*

旅行パンフレット　*15*
旅程作成　*146*
レポート指導　*130*

　　　　　　　わ　行

ワークショップ　*32*
ワイルドライフ・ウォッチング・ツーリズム
　　　40
ワイルドライフ・ツーリズム　*40*
若者の海外旅行離れ　*6*
ワシントン条約　*40*

　　　　　　アルファベット

ESD　*28, 69-72, 85, 86*
ESD的意義　*70, 72*
JR時刻表　*154*
NPO　*35*
WEBサイト　*155*

執筆者紹介（執筆順，＊は編著者）

＊寺本　潔（てらもと　きよし）（玉川大学教育学部教授，プロローグ，第1章1，3節，第2章1，2節，第3章，第7章1節，コラム4）

中村　哲（なかむら　てつ）（玉川大学観光学部准教授，第1章2節，第7章2節，コラム1，コラム6）

大島　順子（おおしま　じゅんこ）（琉球大学観光産業科学部准教授，第2章3節，コラム2）

松岡　靖（まつおか　やすし）（京都女子大学発達教育学部准教授，第4章）

＊澤　達大（さわ　たつひろ）（京都文教大学総合社会学部准教授，第5章，コラム7，エピローグ）

高嶋　竜平（たかしま　りゅうへい）（法政大学女子高等学校教諭，第6章）

片山　明久（かたやま　あきひさ）（京都文教大学総合社会学部准教授，第7章3節，コラム5）

沼田　晶弘（ぬまた　あきひろ）（東京学芸大学附属世田谷小学校教諭，コラム3）

《編著者紹介》

寺本　潔（てらもと・きよし）

　1956年熊本県生まれ。筑波大学附属小学校教諭，愛知教育大学教授を経て2009年より玉川大学教育学部教授。専門は，地理学，社会科教育，総合学習論，観光教育。文部科学省学習指導要領作成協力者（社会：平成10年版，20年版），中央教育審議会専門委員などを歴任。現在，日本生活科総合的学習教育学会理事，日本社会科教育学会評議員，日本地理教育学会常任委員，交通エコロジーモビリティ財団教育検討委員，土木学会「土木と学校教育フォーラム幹事」，学校ビオトープコンテスト審査委員，ちゅうでん教育振興財団評議員等。
　主著『子どもの初航海―遊び空間と探検行動の地理学―』（古今書院，共著），『風土に気づき→地域を再発見する総合学習―沖縄発の新しい提案―』（明治図書，共編著），『思考力が育つ地図＆地球儀の活用』（教育出版），『よのなかの図鑑』（小学館，監修）ほか多数。小中社会科教科書（教育出版），小中地図帳（帝国書院）の著者でもある。

澤　達大（さわ・たつひろ）

　1969年東京都生まれ。筑波大学卒業，東京学芸大学大学院教育学研究科修了。日本女子大学附属中学校・高等学校教諭として，学内で研究部主任，校外授業開発委員長などを歴任。2013年より京都文教大学総合社会学部准教授。専門は社会科教育（地理教育），観光教育，教師教育。
　主著『大学生のための社会科授業実践ノート』（風間書房，共著），『中学校社会科授業研究シリーズ第1巻基礎・基本の習得をめざす新しい授業実践―授業を活性化する手だてと教材―』（東京法令出版，共著）など多数。学習書として，中学校参考書『中学総合的研究　社会』（旺文社），事典『教科書に出る人物学習事典』（学習研究社）なども執筆。

観光教育への招待
――社会科から地域人材育成まで――

2016年4月20日　初版第1刷発行　　　　　　　＜検印省略＞

定価はカバーに
表示しています

編 著 者	寺　本　　　潔
	澤　　　達　大
発 行 者	杉　田　啓　三
印 刷 者	林　　　初　彦

発行所　株式会社　ミネルヴァ書房
607-8494　京都市山科区日ノ岡堤谷町1
電話代表　(075)581-5191
振替口座　01020-0-8076

Ⓒ寺本潔・澤達大, 2016　　　　太洋社・藤沢製本

ISBN978-4-623-07608-6

Printed in Japan

竹中克行　編著		A5・314頁
人文地理学への招待		本体3,000円
井口　貢・池上　惇　編著		A5・384頁
京都・観光文化への招待		本体3,500円
北村宗忠　編著		A5・300頁
現代の観光事業		本体2,800円
谷口知司　編著		A5・240頁
観光ビジネス論		本体2,800円
北川宗忠　編著		四六・274頁
観光・旅行用語辞典		本体2,500円
安村克己・堀野正人・遠藤英樹・寺岡伸悟　編著		B5・216頁
よくわかる観光社会学		本体2,600円
水山光春　編著		B5・184頁
よくわかる環境教育		本体2,800円
藤井浩樹・川田　力　監修／広島県福山市立駅家西小学校　編		B5・170頁
未来をひらくESDの授業づくり		本体2,400円
西井麻美・藤倉まなみ・大江ひろ子・西井寿里　編著		A5・304頁
持続可能な開発のための教育（ESD）の理論と実践		本体2,800円
生方秀紀・神田房行・大森　享　編著		A5・248頁
ESDをつくる		本体2,800円

――― ミネルヴァ書房 ―――
http://www.minervashobo.co.jp/